LA VIE

DE

SAINT-PRIVAT,

ÉVÊQUE DE MENDE,

PATRON ET MARTYR DU PAYS DU GÉVAUDAN;

SUIVIE DE CELLES DES

SAINTS GERVAIS ET PROTAIS,

MARTYRS ET PATRONS

DE L'ÉGLISE PAROISSIALE DE MENDE,

AVEC LES OFFICES, EN FRANÇAIS ET EN LATIN.

NOUVELLE ÉDITION,

Revue, corrigée et augmentée, de la Messe Votive de Saint-Privat, d'une Messe basse et des Vêpres du Dimanche.

A MENDE,

L. -F.is CROUZON, LIBRAIRE.

1832.

SAINT-PRIVAT, PRIEZ POUR NOUS.

LA VIE

DE SAINT-PRIVAT,

ÉVÊQUE DE MENDE,

Patron et Martyr du Pays du Gévaudan.

Suivant une ancienne tradition, St.-Privat naquit dans la Basse-Auvergne, dans un village appelé Coude, situé sur la route du Gévaudan à Clermont. On ne sait rien de son éducation, ni même si ses parens étaient chrétiens ou infidèles. Tous les historiens qui en parlent s'accordent à dire qu'il était issu d'une famille noble, qu'il illustra encore plus par la réputation que ses vertus lui acquirent. Sa sainteté et ses rares talens le firent choisir pour évêque du Gévaudan. Ce pays était pour lors rempli d'idolâtres et de Druides, espèces de prêtres païens qui enseignaient le faux culte, qui étaient adonnés aux plus affreuses superstitions, et qui adoraient le soleil par des sacrifices où les victimes étaient des êtres semblables à nous.

On croit que St.-Martial, apôtre d'Aquitaine, envoyé de Rome en France vers le milieu du troisième siècle, le chargea de la conduite de ce diocèse et de la prédication de l'Evangile. Quoiqu'il en soit, il est certain qu'il fut un pasteur vigilant et rempli de zèle, qu'il se rendit recommandable par ses prédications et par ses œuvres. Comme ce saint prélat s'appliquait de toutes ses forces à éclairer son troupeau des lumières de notre sainte foi, il parvint à dissiper peu à peu les ténèbres du paganisme.

Tandis que Saint-Privat était occupé à défricher la vigne du Seigneur, Crocus, roi des Germains, voulant enlever aux Romains les conquêtes qu'ils avaient faites dans les Gaules, y fit une irruption avec une grosse armée. Cette nation barbare ne trouvant point de résistance, s'avança jusqu'aux frontières du Gévaudan, portant partout le fer et le feu.

Aussitôt le peuple de ce pays montagneux, effrayé de se voir à la veille de tomber entre les mains de tant de cruels ennemis, se réfugia sur la montagne de Grèzes, qui, étant isolée de tous côtés, était inaccessible. Il s'y fortifia avec beaucoup d'art, s'étant muni d'une quantité abondante de provisions de guerre et de bouche; et eût recours à son saint pasteur, afin qu'il priât pour lui le Dieu des armées. Sa confiance ne fut pas trompée. Saint-Privat, voyant que les Germains s'avançaient vers Grèzes pour en faire le siége, leva les yeux et les mains vers le ciel, et offrit ou Tout-Puissant des prières, des jeûnes et des pénitences pour ses ouailles. *Levez-vous, Seigneur*, lui disait-il, *et ne livrez pas à une nation infidèle et féroce un peuple soumis à vos saintes lois.*

L'oraison de ce saint pasteur fut si efficace, que les assiégés se montrèrent invincibles.

Durant cette vigoureuse résistance, la sainteté de Saint-Privat se répandit jusque dans le camp des ennemis, qui, ayant découvert le lieu de sa retraite, coururent en foule vers lui, s'imaginant que s'ils le tenaient entre leurs mains, ils seraient bientôt maîtres du Gévaudan. Ils le trouvèrent dans sa retraite, le chargèrent de coups, et l'ayant traîné à Grèzes, le pressèrent par des menaces formidables de persuader aux assiégés d'abandonner la place.

Le saint pasteur aimait trop son troupeau pour le trahir et le jeter dans l'égarement. A l'exemple de J.-C., mort en croix pour le salut de ses brebis, il leur répondit qu'il donnerait sa vie pour son cher troupeau, plutôt que de leur donner un tel conseil. Sur cette réponse, ils lui commandèrent d'adorer leurs faux dieux, dont ils portaient les idoles dans leur armée. Le serviteur de Dieu refusa d'obéir à un ordre si opposé à sa religion. Ces infidèles, s'abandonnant à leur fureur, le meurtrirent à coup de bâton et de fouet, et le couvrirent de plaies. Enfin, ces barbares, ennuyés de la longueur du siége et désespérant d'en venir à bout, demandèrent à capituler, faisant la paix à des conditions avantageuses au pays du Gévaudan , puis décampèrent et allèrent porter leurs armes ailleurs. Les assiégés et tous les autres chrétiens de la contrée allèrent embrasser leur cher libérateur, baiser tendrement ses blessures , les arroser de leurs larmes , et furent témoins de sa précieuse mort , qui arriva le 2[?] du mois d'août de l'année 262. On enferma son saint corps avec toute la décence possible dans une grotte souterraine.

Ce dépôt sacré demeura quelques siècles dans ce sépulcre , à cause du petit nombre de chrétiens et de la domination des idolâtres; mais le siége épiscopal ayant été transféré de Javoulx à Mende, et les fidèles s'étant multipliés, on retira le corps de ce lieu caché, et l'ayant mis dans un cercueil de plomb , on le transporta avec grande solennité dans une chapelle dédiée à sainte Thècle , vierge et martyre.

Cette église ayant été démolie par suite des temps, et le terrain qu'elle occupait ayant été employé au bâtiment du palais épiscopal , ainsi que des jardins , le corps de St.-Privat fut par conséquent couvert de ruines.

Environ trois cents ans après cet oubli extraordinaire, on se souvint que les anciens habitans de Mende avaient souvent parlé à leurs enfans des reliques de Saint-Privat. On ne put trouver aucun mémoire qui indiquât le lieu où elles étaient. Cependant le vénérable Aldebert , troisième de nom , évêque de Mende , fut inspiré de les chercher dans le lieu où était auparavant la chapelle de sainte Thècle. Il fit donc fouiller dans son jardin , et l'on découvrit un caveau long de douze pieds , large de dix , haut de neuf , dans lequel on trouva le cercueil de plomb qui renfermait le corps du saint prélat et plusieurs autres reliques.

Cette découverte remplit de joie la ville de Mende et tout le pays du Gévaudan. Aldebert aussitôt ordonna des jeûnes, des prières et des processions générales; et le lendemain , fête de l'Exaltation de la sainte Croix, accompagné du clergé et du peuple, il porta avec beau-

coup de dévotion ces précieuses reliques dans l'Eglis
cathédrale : il mit la tête du Saint dans un buste pré
paré , pour l'exposer dans les principales solennités
la vénération des fidèles.

Cette translation se fit en l'année 1070 , sous l
pontificat d'Alexandre III et sous le règne de Louis VII,
surnommé le Jeune. Dieu fit connaître combien le
honneurs rendus aux reliques du saint Martyr lui
étaient agréables, par diverses guérisons remarquables
et d'éclatans miracles ; notamment par celui dont
l'Eglise de Mende renouvelle tous les ans la mémoire
dans son office, le dimanche après la fête de St-Luc.

MESSE
DE SAINT-PRIVAT.

POUR LE JOUR DE LA FÊTE DE L'INVENTION

ET DE LA

TRANSLATION DE SES RELIQUES.

A TIERCE.

Ant. Mes ennemis m'ont environné de toutes parts, et personne n'est venu à mon secours : je me suis souvenu de votre miséricorde, Seigneur, parce que vous défendez ceux qui combattent póur votre nom. Louez Dieu.

Ant. Circumdederunt me indiquè, et non erat qui adjuvaret, memoratus sum misericordiæ tuæ, Domine, quoniam eruis sustinentes te. Alleluia.

CAPITULE.

Ceux qui s'élèvent contre vous seront comme s'ils n'étaient pas et comme dispersés, parce que moi, le Seigneur votre Dieu, je vous prendrai par la main, en vous disant : ne craignez pas, je vous ai secouru.

Erunt quasi non sint, et veluti consumptio, homines bellantes adversùm te, quia ego Dominus Deus tuus apprehendens manum tuam, dicensque tibi : ne timeas, ego adjuvi te.

℞. En Dieu mon salut et ma gloire. Louez Dieu, louez Dieu. En Dieu.
℣. Mon secours est en Dieu, et en lui mon espérance. Louez Dieu. Gloire soit au Père. En Dieu.

℞. *br.* In Deo salutare meum, * et gloria mea, * Alleluia, alleluia. In Deo. ℣. Deus auxilii mei, * et spes mea in Deo est, * Alleluia Gloria Patri. In Deo.

℣. Deus meus, adjutor meus, et sperabo in eum.

℟. Protector meus, et cornu salutis meæ.

℣. Dieu est mon secours et en lui je mettrai ma confiance.

℟. Mon protecteur est l'espoir de mon salut.

A LA PROCESSION.

Qui vicerit, faciam illum columnam in templo Dei mei ; * Et foràs non egredietur ampliùs : et †Scribam super eum nomen Dei mei. et nomen civitatis novæ Jerusalem. Alleluia, alleluia. ℣. Plantabo eum, et non turbabitur ampliùs ; nec addent filii iniquitatis ut affligant eum sicut priùs. * Et foràs. Gloria. † Scribam.

℣. Posuisti, Domine, in capite ejus coronam.

℟. De lapide pretioso.

Oremus. Fac nos, quæsumus, Domine Deus noster, in cunctis adversitatibus fortes existere, qui beato Privato martyri tuo atque pontifici fortitudinem tuâ gratiâ præstitisti, per quam diras et multiplices pænas in sui agone martyrii superavit : Per Christum Dominum nostrum.

A LA MESSE.

INTROÏT.

Quis similis tui, Dominus magnificus sanctitate, faciens mirabilia, Extendisti manum tuam et recebant ab eis languores Alleluia, alleluia. *Ps.* Cantate Domino canticum novum, * quia mirabilia fecit. Gloria Patri, etc. Quis similis.

Qui est semblable à vous, Seigneur, qui êtes tout éclatant de sainteté et qui faites des prodiges ? Vous avez étendu votre main bienfaisante sur nos pères, et ils étaient guéris de leurs maladies, Louez Dieu, louez Dieu. *Ps.* Chantez au Seigneur un cantique nouveau : parce qu'il a fait des prodiges en votre faveur. Gloire au Père. Qui est.

OREMUS.

Deus qui nos sancti pontificis et martyris,

ORAISON.

O Dieu ! qui nous accordez dans St.-Privat,

martyr et Pontife, un puissant protecteur auprès de vous ; formez dans nos cœurs cette piété qui semble encore animer ses saintes reliques, et qu'elles ont comme la vertu d'exciter en nous, et préservez-nous, par ses prières, de toute adversité. Par N. S.

Oraison. O Dieu ! qui, par le profond abaissement de votre Fils, avez relevé le monde abattu, accordez à vos serviteurs une joie pure et durable ; et, par votre grâce, faites jouir d'une éternelle félicité ceux que vous avez délivrés des péchés qui méritent une mort éternelle. Par le même J.-C. N. S.

Lecture du Prophète Isaïe Chap. 44.

Voici ce que dit le Seigneur : vous êtes témoin, de ce que je dis : y a-t-il quelqu'autre Dieu que moi, et un Créateur que je ne connaisse pas ? Tous ces artisans d'idoles ne sont rien ; leurs ouvrages les plus estimés ne leur serviront de rien ; ils sont eux-mêmes témoins, à leur confusion, que leurs idoles ne voient point et ne comprennent rien. Comment donc un homme est-il assez insensé pour vouloir former un Dieu et pour jeter en fonte une statue qui n'est bonne à

Privati, protegis præsidio ; excita in nobis quam adhuc spirant sacri ejus cineres pietatem, ipsiusque precibus ab omni nos adversitate custodi. Per Dominum nostrum.

Oremus. Deus, qui in famuli tui humilitate jacentem mundum erexisti : fidelibus tuis perpetuam concede lætitiam ; ut quos perpetuæ mortis eripuisti casibus, gaudiis facias sempiternis perfrui. Per Dominum nostrum...

Lectio Isaiæ Prophetæ. Cap. 44.

Hæc dicit Dominus : vos estis testes mei : numquid est Deus absquè me, et formator quem ego non noverim ? Plastæ idoli omnes nihil sunt et amantissima eorum non proderunt eis : ipsi sunt testes eorum, quia non vident, neque intelligunt, ut confundantur. Quis formavit Deum, et sculptile conflavit ad nihil utile ? ecce omnes participes ejus confundentur : fabri enim sunt ex hominibus, convenient omnes, stabunt et pavebunt et confundentur simul.

Alleluia, alleluia.
Alleluia, alleluia.
℣. Amplificatus est in mirabilibus suis, mortuum prophetavit corpus ejus : in vitâ fecit monstra, et in morte mirabilia operatus est.

Alleluia, alleluia.
℣. Tu est Deus qui facis mirabilia ; notam fecisti in populis virtutem tuam.
Alleluia.

Sequentia sancti Evangelii seccundùm Lucam.
In illo tempore, dixit Jesus discipulis suis : qui vos audit, me audit ; et qui vos spernit, me spernit. Qui autem me spernit, spernit eum qui misit me. Reversi sunt autem septuaginta duo cum gaudio, dicentes : Domine, etiàm dæmonia subjiciuntur nobis in nomine tuo. Et ait illis : videbam satanam sicut fulgur de cœlo cadentem. Ecce dedi

rien. Tous ceux qui ont part à cet ouvrage seront confondus : car tous ces artisans ne sont que des hommes ; qu'ils s'assemblent tous et qu'ils se présentent, ils seront tous saisis de crainte et couverts de honte.
Louez Dieu. Louez.

℣. Quelle gloire s'est-il acquise par ses miracles ! son corps, après sa mort, a comme continué à nous annoncer les vérités du salut ; il a fait des prodiges pendant sa vie, et des miracles après sa mort.
Louez Dieu. Louez.
℣. Vous êtes, ô Dieu ! vous êtes le Dieu qui opérez des merveilles ; vous avez fait connaître parmi les peuples votre puissance.
Louez Dieu.

Suite du saint Evangile selon St.-Luc. C. X.
En ce temps-là, Jésus dit à ses Disciples : celui qui vous écoute m'écoute ; celui qui vous méprise me méprise, et celui qui me méprise, méprise celui qui m'a envoyé. Or, les soixante et douze Disciples s'en revinrent avec joie, lui disant : Seigneur, les démons même nous sont assujettis par la vertu de votre nom. Il leur répondit : je voyais Satan tomber du Ciel comme un éclair. Vous voyez que je

vous ai donné le pouvoir de fouler aux pieds les serpens et les scorpions, et toute la puissance de l'ennemi, et rien ne pourra vous nuire. Néanmoins ne mettez point votre joie en ce que les esprits impurs vous sont soumis; mais réjouissez-vous plutôt de ce que vos noms sont écrits dans les Cieux.

vobis potestatem calcandi suprà serpentes et scorpiones, et super omnem virtutem inimici; et nihil vobis nocebit. Verumtamen in hoc nolite gaudere, quia spiritus vobis subjiciuntur : gaudete autem quòd nomina vestra scripta sunt in cœlis.

OFFERTOIRE.

Dieu faisait des miracles si extraordinaires par Saint-Privat, que les mouchoirs mêmes et les linges qui avaient touché son corps, étant appliqués aux malades, les guérissaient de leurs infirmités. Louez Dieu.

Virtutes nos quaslibet faciebat Deus per eum; ita ut super languidos deferrentur à corpore ejus sudaria, et semicinctia, et recedebant ab eis languores. Alleluia.

SECRÈTE.

Nous vous rendons, Seigneur, l'hommage de notre dépendance, par ce sacrifice que nous vous offrons en mémoire de la translation des reliques de Saint-Privat, martyr et pontife ; et nous vous supplions de nous accorder la grâce qu'il vous demande lui-même pour nous, de conserver en nous celles dont vous nous avez favorisés par son ministère.

Debitum tibi, Domine, nostræ reddimus servitutis, suppliciter exorantes, ut suffragiis beati Privati, pontificis et martyris, in nobis tua munera tuearis, ob cujus translationem, laudis tibi hostias immolamus.

Seigneur, faites-nous la grâce, par ces divins mystères, de diminuer l'ardeur que nous avons pour les choses de la terre, afin que nous puissions apprendre à aimer celles du Ciel.

His nobis, Domine, mysteriis conferatur quo terrena desideria mitigantes, discamus amare cœlestia.

PRÉFACE.

Per omnia secula seculorum ℟. Amen.

Dominus vobiscum.

℟. Et cum spiritu tuo

Sursum corda.

℟. Habemus ad Dominum.

Gratias agamus Domino Deo nostro.

℟. Dignum et justum est.

Verè dignum et justum est, æquum et salutare, nos tibi semper et ubiquè, gratias agere, Domine, sancte Pater, omnipotens, æterne Deus, qui nos secundùm misericordiam tuam magnam, de tenebris ad lucem vocare dignatus es, et de potestate Satanæ ereptos, in filios adoptionis assumere. Tuâ enim, Domine, misericordiâ, tuâ gratiâ, verbum fidei in nobis martyris tui labore seminatum est, et sanguine fecundatum. Nùnc ergò, Pater sancte confirma hoc quod operatus es in nobi : et gregem istum quem Filio tuo donasti, conserva tuæ virtutis auxilio : ut sanctificatum in veritate, perfectum in unitate, consummare digneris in gloriâ :

Dans tous les siècles d siècles. ℟. Ainsi soit-il.

Le Seigneur soit ave vous, ℟. Et avec votr esprit.

Elevez vos cœurs.

℟. Nous les avons ver le Seigneur.

Rendons grâces Dieu notre Seigneur.

℟. Nous le devons, e il est juste.

Il est véritablement just et raisonnable, il est équita table et salutaire de vou rendre grâces en tous temp et en tout lieu, Seigneu très-saint, Père tout-puis sant, Dieu éternel ; qui, par votre grande miséricor de, avez daigné nous faire passer des ténèbres à la lumière, et nous arracher de la puissance de Satan, pour nous mettre au nombre de vos enfans adoptifs. Car c'est un effet de votre miséricorde, Seigneur ; c'est un effet de votre grâce, que là parole de la foi ait été semée au milieu de nous par les travaux de votre martyre, et rendue féconde par le sang dont il l'a arrosée. Maintenant donc, Père saint, affermissez ce que vous avez opéré en nous, et conservez par le secours de votre puissance le troupeau que vous avez donné à votre Fils; afin qu'après l'avoir sanctifié dans la vérité, rendu parfait dans l'unité, vous daigniez consommer votre ouvrage, en le couronnant dans la gloire, par le même J.-C. N. S., par lequel les Anges adorent en tremblant votre Majesté suprême, par lequel tous les chœurs des esprits célestes célèbrent votre gloire dans des transports d'une sainte joie. Faites, Seigneur, que nous unissions nos voix à celles de ces Esprits bienheureux, pour chanter avec eux : Saint, Saint, Saint, etc.

Per eumdem Christum Dominum nostrum; per quem Majestatem tuam trementes adorante Angeli, et omnes spirituum cœlestium chori socia exultatione concelebrant. Cum quibus et nostras voces ut admitti jubeas deprecamur, supplici confessione dicentes : Sanctus.

COMMUNION.

On venait en foule des villes voisines lui présenter des malades, et ils étaient tous guéris.

Louez Dieu.

Concurrebat multitudo vicinarum civitatum, afferentes ægros qui curabantur omnes.

Alleluia.

POST-COMMUNION.

Daignez exaucer, Seigneur, votre peuple, qui honore les mérites de Saint Privat, martyr et pontife, et qui vous prie de nous accorder que les dons célestes que nous avons reçus nous comblent de vos bienfaits les plus salutaires. Par N. S.

Faites, Seigneur, que les sacremens que nous avons reçu soutiennent notre faiblesse; et que la pro-

Adesto, Domine, plebi tuæ merita beati Privati, pontificis et martyris, veneranti, et concede propitius; ut quæ dona cœlestia percepimus, nobis ejus intercessione opem conferant salutarem. Per Dominum, etc.

Infirmitatem nostram, quæsumus, Domine, sustentet hujus sacramenti perceptio; et il hâc valle lacrymarum exultantes cœlestium bonorumpromissioconsoletur.

Quæsumus, omnipotens Deus, ut famulus tuus rex noster N. qui tuâ miseratione suscepit regni gubernacula, virtutum etiam omnium percipiat incrementa, quibus decenter ornatus, vitiorum monstra devitare, hostes superare, et ad te qui via, veritas et vita es, gratiosus valeat pervenire : Qui vivis, etc.

messe des biens célestes nous console dans cette vallée de larmes où nous sommes exilés.

Accordez à nos prières, Dieu tout-puissant, que votre serviteur N. notre roi qui, par votre miséricorde, a reçu la conduite de ce royaume, reçoive l'accroissement de toutes les vertus; afin que, revêtu de leur force, et saintement orné de leur éclat, il est les vices en horreur, comme autant de monstres ; qu'il soit victorieux de ses ennemis et qu'agréable à vos yeux par ses bonnes œuvres, il puisse enfin arriver jusqu'à vous, qui êtes la voie, la vérité et la vie, et qui étant Dieu, vivez.

DERNIER ÉVANGILE.

Sequentia Sti. Evangelii secundùm Joannem.

Suite du saint Evangile selon St. Jean. C. 16.

In illo tempore, dixit Jesus discipulis suis : Modicùm, et jam non videbitis me, et iterum modicum, et videbitis me, quia vado ad Patrem. Dixerunt ergo ex discipulis ejus ad invicem : Quid est hoc quod dicit nobis Modicùm, et non videbitis me, et iterùm modicùm et videbitis me, et quia vado ad Patrem ? Dicebant ergo, quid est hoc quod

En ce temps là, Jésus dit à ses disciples : encore un peu de temps, et vous ne me verrez plus ; et encore un peu de temps, et vous me verrez, parce que je m'en retourne à mon Père. Sur cela quelques-uns de ses disciples se dirent les uns les autres : Que nous veut-il dire par-là, encore un peu de temps, et vous ne me verrez plus, et encore unpeu de temps et vous me verrez, parce que je m'en retourne à mon Père ? Ils disaient donc : Que veut dire encore un peu de temps ? Nous ne savons ce qu'il veut nous dire. Mais Jésus connaissant qu'ils voulaient l'interroger là-dessus, leur dit : Vous vous demandez les uns aux autres ce que je vous ai voulu dire par ces paroles : Encore un peu de temps, et vous ne me verrez plus, et encore un peu de temps et vous me verrez. En vérité, en vérité, je vous le dis : vous pleurerez et vous gémirez, et le monde sera dans la joie : vous serez dans la tristesse ; mais votre tristesse se changera en joie. Lorsqu'une femme enfante, elle est dans la douleur, parce que son heure est venue ; mais après qu'elle a enfanté un fils, elle ne se souvient plus de ses maux, dans la joie qu'elle a d'avoir mis un homme au monde. Aussi vous êtes maintenant dans la tristesse ; mais je vous verrai de nouveau et votre cœur se réjouira, et personne ne vous ravira votre joie.

℞. Rendons grâces à Dieu.

dicit : Modicum ? Nescimus quid loquitus. Cognovit autem Jesus quia volebant eum interrogare, et dixit eis : De hoc quæritis inter vos quia dixi : Modicum et non videbitis me; et iterum modicum, et videbitis me. Amen, amen dico vobis, quia plorabitis et flebitis vos, mundus autem gaudebit, vos autem contritabimini, sed tristia vestra vertetur in gaudium. Mulier cùm parit, tristitiam habet, quia venit hora ejus ; cùm autem peperit puerum, jam non meminit pressuræ propter gaudium, quia natus est homo in mundum; et vos igitur nunc quidem tristitiam habetis, iterùm autem videbo vos, et gaudebit cor vestrum et gaudium vestrum nemo tollet à vobis.

℞. Deo gratias.

A SEXTE.

Ant. Le Seigneur est bon ; il encourage au jour de la tribulation et il connaît ceux qui espèrent en lui. Louez Dieu.

Ant. Bonus Dominus, et confortans in die tribulationis, et sciens sperantes in se. Alleluia.

CAPITULE.

Patior, sed non confundor; scio enim cui credidi; et certus sum quia potens est depositum meum servare in illum diem.

℟. *br.* Si consistant adversùm me castra, * non timebit cor meum * Alleluia, alleluia. Si consistant. ℣. Si exurgat adversùm me prælium, * in hoc ego sperabo : * Alleluia. Gloria Patri. Si consistant.

℣. Dominus mihi adjutor.

℟. Non timebo quid faciat mihi homo.

Je souffre, mais je n'en rougis point; car je sais à qui j'ai cru, et je suis persuadé qu'il est assez puissant pour conserver mon dépôt jusqu'au jour de son dernier avénement.

℟. *br.* Quand une armée ennemie serait autour de moi, mon cœur ne craindrait rien. Louez Dieu, louez Dieu. Quand. ℣. Si cette armée venait m'attaquer, dans le combat même je serais plein de confiance. Louez Dieu. Gloire. Quand.

℣. Le Seigneur est mon soutien.

℟. Je ne craindrai rien de ce que l'homme pourra me faire.

A NONE.

Ant. Eripuisti me de tempore iniquo ; proptereà confitebor, et laudem dicam tibi, et benedicam nomini Domini. Alleluia.

Ant. Vous m'avez délivré, Seigneur, d'un temps malheureux ; c'est pourquoi je confesserai, louerai et bénirai votre nom. Louez Dieu.

CAPITULE.

Post tempestatem tranquillum facis, Domine ; et post lacrymationem et fletum, exultationem infundis. Sit nomen tuum, Deus Israël, benedictum in secula.

℟. *br.* Factus es, Domine, * susceptor meus, * Alleluia, alleluia. Factus es.

Après la tempête, Seigneur, vous rétablissez le calme ; et après les larmes et les gémissemens vous répandez la joie. Que votre nom, Dieu d'Israël, soit béni dans tous les siècles.

℟. *br.* Vous êtes, Seigneur, mon asile. Louez Dieu, louez Dieu. Vous êtes. ℣. Et mon refuge au jour de la tribulation, louez Dieu. Gloire. Vous êtes. Louez Dieu.

℣. J'ai trouvé en vous, Seigneur, mon secours,

℟. Et ma consolation.

℣. Et refugium meum *in die tribulationis, * Allel. Gloria. Factus es. Allel.

℣. Tu, Domine, adjuvisti me,

℟. Et consolatus es me.

A VÉPRES.

Psaumes du Dimanche. — ANTIENNES.

C'est pour l'œuvre de Jésus-Christ qu'il a méprisé la vie et qu'il s'est exposé à la mort. Alleluia.

Plein de patience et de courage au milieu des tourmens, il s'est proposé de ne rien faire contre la loi de son Dieu pour l'amour de la vie. Alleluia.

Jugeant que l'opprobre de Jésus-Christ était un plus grand trésor que toutes les richesses, il envisageait la récompense éternelle. Allel.

Préférant une mort pleine de gloire à une vie criminelle, il alla volontairement au supplice. Alleluia.

Il mourut en laissant à toute sa nation un grand exemple de vertu et de fermeté dans le souvenir de sa mort. Alleluia.

Propter opus Christi usquè ad mortem accessit, tradens animam suam. Alleluia.

Patienter sustinens, destinavit non admittere illicita propter vitæ amorem. Alleluia.

Divitias æstimans improperium Christi, aspiciebat in remunerationem. Alleluia.

Gloriosissimam mortem magis quam odibilem vitam complectens, voluntariè præibat ad supplicium. Alleluia.

Hoc modo vitâ decessit, universæ genti memoriam mortis suæ ad exemplum virtitis et fortitudinis derelinquas. Alleluia.

CAPITULE.

Heureux celui qui souffre patiemment les afflictions parce qu'après avoir été éprouvé, il recevra la couronne que Dieu a promise à ceux qui l'aiment.

Beatus vir qui suffert tentationem, quoniam cum probatus fuerit, accipiet coronam vitæ quam repromisit Deus diligentibus se.

HYMNE.

Qui nunc templa tenes ,
    maxime Pontifex.
Cœlo non hominum quæ-
    quæ posuit manus ,
Adsis, ne pigeat quæ tibi
    ponimus
Terris templa reviscere.

Aris exuvias his colimus
    tui ,
Cui figit pia plebs oscula,
    corporis
Quo tot prodigiis post tua
    funera ,
Præsens te Deus appro-
    bat.

Non hic artificium suspi-
    citur labor ,
Ars præclara sacris cedit
    honoribus :
Hic gemmas hebetat tam
    venerabilis ,
Ingens gloria corporis.

Quot circùm positæ lam-
    pades ambiunt ,
Tot sunt quo fruèris
    pignora luminis ;
Cœlo quæ maneat gloria
    cœlites ,
Et terris quis honor ,
    monent ?

Si nos te colimus, si datur
    assequi ,
Quod tu cumque juber :
    Qui sequimur tuâ,

Grand Pontife , qui ha
bitez le temple de la gloir
que la main de l'homme n'
point élevé, ne dédaigne
point de rendre sensible vo
tre présence dans celui qu
nos pères ont consacré en vo
tre honneur sur la terre, e
hâtez-vous de nous secouri

Nous révérons sur ce
autels les restes précieux d
votre corps, qu'un peupl
de fidèles vient baiser ave
respect, et auprès desquel
le Seigneur a tant de foi
manifesté sa présence e
autorisé notre culte par le
prodiges qu'il a opérés de
puis votre mort.

L'art n'a point ici déploy
ses richesses ; et que sont
elles auprès des honneur
sacrés que nous vous ren
dons ? et la gloire qui re
jaillit des précieux restes d
votre corps n'efface-t-ell
pas l'éclat des diamans ?

Les lampes qui brûlen
autour des vos reliques so
le symbole de la lumièr
éternelle dont vous êtes re
vêtu : elles nous présagen
la gloire qui attend le
Saints dans le ciel et le
honneurs qui leur sont ré
servés sur la terre.

O saint Martyr ! que l
culte que nous vous re-
dons vous serait bien plu
utile et vous honorerait bie
plus dignement, si, fidèle

aux préceptes que vous nous avez laissés, il nous était donné, par votre intercession de marcher sur vos traces dans la voie qui vous a conduit à la gloire.

Si das ire viâ quam melius sacer,
Martyr te celebrabimus!

Gloire infinie au Père, gloire infinie au Fils, gloire infinie à vous, ô Esprit du Père et du Fils, qui êtes l'onction des Pontifes et la force des Martyrs.

Ainsi soit-il.

Patri maxima laus, maxima Filio,
Amborumque tibi maxima Spiritus;
Ungis pontifices quos legis, et tuo
Firmans numine martyres. Amen.

℣. Seigneur, vous avez mis sur sa tête une couronne. ℟. De pierres précieuses.

℣. Posuisti, Domine, in capite ejus coronam.
℟. De lapide pretioso.

A *Magnificat.* — ANTIENNE.

Dieu n'a point abandonné le juste, jusqu'à ce qu'il l'ait rendu maître de ceux qui l'avaient traité avec tant d'ignominie, et lui a donné une gloire éternelle pour récompense. Louez Dieu.

Justum non dereliquit Deus, donec afferet illi potentiam adversus eos qui eum deprimebant, et dedit illi claritatem æternam. Alleluia.

Oremus. Deus, qui nos sancti pontificis, etc. *page 8.*

MÉMOIRE DU DIMANCHE.

Ant. Vous êtes maintenant dans la tristesse; mais je reviendrai à vous et votre cœur alors sera rempli d'une sainte joie que personne ne vous ravira. Louez Dieu.

Ant. Nunc quidem tristitiam habetis, iterùm autem videbo vos, et gaudebit cor vestrum, et gaudium vestrum nemo tollet à vobis. Alleluia.

℣. Vous nous avez comblés de joie à proportion du temps que vous nous avez affligés;
℟. A proportion des années qu'ont duré nos maux.

℣. Lætati sumus pro diebus quibus nos humiliasti;
℟. Annis quibus vidimus mala.

Oremus. Deus, qui in famuli tui, etc., *page 9.*

MESSE
DE SAINT-PRIVAT,

Évêque de Mende, Patron et Martyr du pays Gévaudan,

Pour le jour de sa Fête 21 août. —Annuel.

A TIERCE.

Ant. Dixit rex : quare non adoras Bel ? Qui ait : Non colo idola manufacta, sed viventem Deum, qui creavit cœlum et terram.

Ant. Le roi lui demanda pourquoi il n'adorait pas Bel ? Il lui répondit : Je n'adorerai point l'ouvrage de l'homme ; mais le Dieu vivant qui a fait le ciel et la terre.

CAPITULE.

Arma militæ nostræ non carnalia sunt, sed potentia Deo ad destructionem munitionum, consilia destruentes, et omnem altitudinem extollentem se adversùs scientiam Dei, et in captivitatem redigentes omnem intellectum in obsequium Christi.

Les armes de notre milice ne sont point charnelles, mais puissantes en Dieu, pour renverser les remparts qu'on leur oppose. C'est par ces armes que nous détruirons les raisonnemens humains et tout ce qui s'élève avec hauteur contre la science de Dieu, et que nous réduirons en servitude tous les esprits, pour les soumettre à l'obéissance de Jésus-Christ.

℟. *br.* Omnia sustineo propter electos. * Alleluia, alleluia. ℣. Ut et ipsi salutem consequantur. * Alleluia, alleluia. Gloria Patri. Omnia.

℟. *br.* Je souffre tout avec patience pour l'amour des élus. Alleluia, alleluia. ℣. Afin qu'ils acquièrent aussi bien que nous le salut. Alleluia, allel. Gloire. Je souffre.

℣. Je me suis fait tout à tous.
℟. Pour les sauver tous.

℣. Omnibus omnia factus sum.
℟. Ut omnes facerem salvos.

A LA PROCESSION.

Sa mémoire ne s'effacera pas de l'esprit des hommes, et son nom sera honoré dans tous les siècles. * Les nations publieront sa sagesse, et l'Eglise chantera des cantiques en son honneur. C'est lui qui a été le pasteur de nos pères et qui a reçu des paroles de vie pour nous les donner. * Les nations. Gloire. Sa mémoire.

℣. Le Seigneur a fait de grandes choses pour nous.
℟. Nous sommes comblés de joie.

Non recedet memoria ejus, et nomen ejus requiretur à generatione in generationem. * Sapientiam ejus enarrabunt gentes, et laudem ejus enuntiabit Ecclesia cum patribus nostris, qui accepit verba vitæ dare nobis. * Sapientiam. Gloria Patri. Non recedet.

℣. Magnificavit Dominus fecere nobiscum.
℟. Facti sumus lætantes.

ORAISON.

Dieu tout-puissant et éternel, qui avez choisi St.-Privat, votre martyr et votre pontife, pour être le pasteur de votre sainte glise, nous vous prions de ous accorder, par la vertu e ses mérites, la gloire de otre St. amour.

OREMUS.

Omnipotens sempiterne Deus, qui beatum Privatum martyrem tuum atque pontificem Ecclesiæ tuæ sanctæ præesse voluisti, quæsumus, ut ejus suffragantibus meritis pietati tuæ nobis grátiam largiaris. Per.

A LA MESSE

INTROÏT.

Il annonça tout ce que e Seigneur avait dit, et il t des miracles devant le euple, et le peuple crut. s. Nous vous louerons, ô ieu! nous vous louerons t nous invoquerons votre om. Gloire. Il annonça.

Locutus est omnia verba quæ dixerat Dominus, et fecit signa coram populo, et credidit populus. *Ps.* Confitebimur tibi Deus: confitebimur et invocabimus nomen tuum. Gloria. Locutus est.

OREMUS.

Deus qui beati Privati, pontificis tui et martyris, prædicatione de infidelitatis tenebris populos in admirabile Evangelii lumen transtulisti ; fac ut ejus intercessione crescamus in gratiâet cognitione Domini nostri Jesu Christi Filii tui ; Qui tecum vivit.

ORAISON.

Dieu puissant, qui par la prédication du Bienheureux St.-Privat, votre poutife et votre martyr, avez fait passer à la lumière admirable de l'Evangile des peuples ensevelis dans les ténèbres de l'infidélité, faites que par l'intercession de votre saint pontife, nous croissions de plus en plus dans la grâce et la connaissance de N. S. J. C., Qui vit.

Mémoire de l'Assomption

OREMUS.

Veneranda nobis, Domine, husjus diei festivitas opem conferat salutarem, in quâ sancta Dei genitrix mortem subiit temporalem, nec tamen mortis nexibus deprimi potuit, quæ Filium tuam Dominum nostrum Jesum Christum de se genuit incarnatum.

ORAISON.

Faites, Seigneur, que l'auguste solemnité que nous célébrons attire sur nous votre grâce, en ce jour dans lequel la bienheureuse Mère de Dieu a souffert la mort temporelle, sans que la mort aie pu retenir dans ses liens celle qui a enfanté N. S. Jésus-Christ votre Fils.

Nota. A la Collecte, à la Secrète, à la Post-Communion et à Vêpres, on fait aussi mémoire du Dimanche occurent dont on lit l'Evangile à la fin de la Messe.

Lectio Epistolæ Beati Pauli Apostoli, ad Corinthios, 2. C. 12.

Fratres : nihil minus fui ab iis qui sunt supra modum apostoli : tametsi nihil sum. Signa tamen apostolatûs mei facta sunt super vos, in omni patientiâ, in signis et prodi-

Lecture de l'Epître de St.-Paul, Apôtre, aux Corinthiens.

Mes frères, je n'ai été en rien inférieur aux plus éminens d'entre les Apôtres, encore que je ne sois rien. Aussi vous ai-je donné des marques de mon apostolat par une patience à l'épreuve de tout, par les signes, les prodiges et les miracles. Or, en quoi avez-vous été inférieurs aux autres églises, si ce n'est que je ne vous ai point été à charge : Pardonnez-moi le tort que je vous ai fait en cela. Voici la troisième fois que je me prépare pour vous aller voir, et ce sera encore sans vous être à charge ; car c'est vous que je cherche, et non votre bien : puisque ce n'est pas aux enfans à en amasser pour leurs pères ; mais aux pères à le faire pour leurs enfans. Aussi, pour ce qui est de moi, ce sera avec plaisir que je donnerai tout ce que j'ai, et que je me donnerai encore moi-même pour le salut de vos âmes.

giis, et virtutibus. Quid est enim quod minus habuistis præ cœteris ecclesiis, nisi quod ego ipse non gravavi vos. Donate mihi hanc injuriam. Ecce tertio hoc paratus sum venire ad vos, et non ero gravis vobis. Non enim quæro quæ vestro sunt, sed vos. Nec enim debent filii parentibus thesaurisare, sed parentes filiis. Ego autem libentissimè impendam et super impendar ipse pro animabus vestris.

GRADUEL.

Il s'est élevé comme un feu, et ses paroles brûlaient comme un flambeau ardent. Quelle gloire il s'est acquise par ses miracles, et qui peut se glorifier comme lui. ℣. Il se sentait ému au-dedans de lui-même, en voyant que cette ville était livrée à l'idolâtrie.

℣. Sa gloire est grande, parce que vous l'avez délivré, vous le revêtirez d'éclat et de majesté; car vous l'avez établi la source des bénédictions pour l'éternité. Louez Dieu.

Surrexit quasi ignis et verbum ipsius quasi facula ardebat ; amplificatus est in mirabilibus suis; et quis potest similiter sic gloriari tibi. ℣. Incitabatur in ipso spiritus ejus, videns idolatriæ deditam civitatem.

Alleluia, alleluia.

℣. Magna est gloria ejus in salutari tuo, Domine; gloriam et magnum decorem impones super eum; quoniam dabis eum in benedictionem in seculum seculi. Alleluia.

PROSE.

Sub nocte jacentibus ;
Quo Gabalicensibus ,
Nova lux exoritur !

Ut mentes indomitas.
Blandè mulcet veritas ,
Dùm præsul adoritur !

Hic nostris præpositus ,
Majoribus cœlitùs ,
Quos Christo subjiceret.

Quanta nixus opera ,
Verbo potens. effera
Ut corda subigeret.

Totus apostolicis ,
Se tradit muneribus :
Quod prædicat cœlicis
Hoc monstrat virtutibus.

Fugat radiantibus
Errores eloquiis ,
Tum fletu , laboribus ,
Votis et jejuniis.

Cas amor hunc adurit :
Nos , non nostra , pastor
     quærit ,
Vel sui dispendio.

Christi jugo submittitur
Gens spontè suâ vincitur ,
Cædit verbi gladio.

Audit vocem grex pas-
     toris ;
Fit seges ampla laboris ,
Fit nascens ecclesia.

Quel astre nouveau se lève pour les Gévaudanais encore plongés dans la nuit de l'erreur.

Comme la vérité adoucit leurs esprits rebelles aussitôt que Privat la leur fait entendre ?

C'est le ciel dans sa miséricorde qui l'envoya vers nos pères pour les gagner à Jésus-Christ.

Que de soins il se donnait , pour soumettre par la forcedelaparole ces cœurs encore féroces.

Livré sans réserve aux fonctions de l'apostolat , il confirme ses leçons par l'exemple de ses vertus.

Les larmes , les jeûnes , les travaux et la prière sont les armes dont il se sert pour combattre l'erreur, et ses discours sont autant d'éclairs qui la foudroient.

Brûlant d'une chaste flamme, ce zélé Pasteur ne cherche point nos biens , mais nos âmes au péril de sa propre vie.

Aussi , vaincue par le glaive de la parole , la nation qu'il évangélise se soumet avec empressement au joug de Jésus-Christ.

Déjà un troupeau de fidèles entend la voix du Pasteur, ses travaux sont couronnés , et une église naissante se forme autour de lui.

La douceur chrétienne prend la place de la férocité; dans leur cœur la foi brille et les divinités mensongères tombent dans l'avilissement.

On rougirait désormais de de leur immoler des victimes; leurs temples s'écroulent, leurs autels sont renversés, et on s'empresse de porter aux autels du vrai Dieu les sacrifices dignes de la pureté de son culte.

Mais de quelle fureur est donc agité le barbare ennemi qui fait marcher devant lui le feu et la flamme, et que suivent la désolation et la mort? Déjà notre Pasteur est menacé, mais c'est en vain : il sait mourir pour ses brebis et non pas les livrer.

Qu'on multiplie les coups, qu'on invente de nouveaux tourmens, on n'y gagnera rien : Privat aime les siens; il prie pour eux et demeure invincible, au milieu des supplices.

Ce vieillard vénérable succombe enfin à la violence des coups dont il est meurtri. La mort le rend à une vie immortelle, et il reçoit des mains du Tout-Puissant la couronne réservée au martyre de la charité et de la vérité.

Puisse la religion qu'il a scellée de son sang résister aux efforts de l'enfer; et

Fera corda mansuescunt;
Fides crescit, et vilescunt
Numina mendacia.

Dîs jam pudet immolare,
Ruunt fana, jacent aræ;
Deo gesit gens litare
Puro sacrificio.

At quis furor agit hostem,
Igne, ferro populantem,
Pastori frustra minan-
    tem,
Oves dare nescio.

Ictus frustra geminantur:
Tortores nil consequen-
    tur:
Suos amat,
Christum orat,
Invictus fert vulnera.

Vi plagarum senex cadit,
Jugis vitæ mors hunc
    reddit;
Caritatis,
Veritatis
Martyr refer munera.

Quam sanxit martyrio
Stet semper religio.
  Amen.

Sequentia Sti. Evangilii secundùm Marcum.

In illo tempore, dixit Jesus discipulis suis, euntes in mundum universum prædicate evangelium omni creaturæ. Qui crediderit et baptizatus fuerit, salvus erit; qui verò non crediderit, condemnabitur. Signa autem eos qui crediderint, hæc sequentur; in nomine meo dæmonia ejicient; linguis loquentur novis; serpentes tollent, et si mortiferum quid biberint, non eis nobit, super ægros manus imponent et benè habebunt.

demeurer à jamais au milieu de nous. Ainsi soit-il.

Suite du saint Evangile selon Saint-Marc.

En ce temps-là, Jésus dit à ses disciples : allez par tout le monde prêcher l'évangile à toute créature. Celui qui croira et sera baptisé sera sauvé; mais celui qui ne croira point sera condamné. Voici les miracles que feront ceux qui auront reçu la foi : ils chasseront les démons en mon nom; ils parleront de nouvelles langues; ils manieront les serpens; s'ils boivent quelque breuvage mortel, il ne leur sera point de mal, et par l'imposition de leurs mains ils guériront les malades.

OFFERTOIRE.

In bonitate et alacritate animæ suæ placuit Deo pro Israël; ideò statuit illi testamentum pacis, ut sit illi sacerdotii dignitas in æternum.

Il appaisa la colère de Dieu contre Israël, par sa bonté et par son zèle, c'est pourquoi Dieu a fait avec lui une alliance de paix; il lui a donné la principauté des choses saintes, afin que lui et sa race possèdent pour jamais la dignité du sacerdoce.

SECRÈTE.

Benedictio tua, Domine, super hæc munera descendat, quæ in solemnitate sancti pontificis et matyris tui Privati, majestati tuæ offerimus,

Bénissez, Seigneur, l'offrande que nous présentons à votre divine majesté dans ce jour où nous célébrons la fête de Saint-Privat, votre martyr et votre pontife, et faites qu'en vous rendant de dignes actions de grâces pour le don ineffable de la foi, nous recherchions de tout notre cœur et accomplissions par nos œuvres tout ce qui est l'objet de notre croyance.

et præsta, ut dignas super inenarribili dono fidei gratias tibi referentes, quod mente credimus, corde sectemur et opere impleamus.

Mémoire de l'Assomption.

Que nos dons deviennent agréables à votre infinie miséricorde, Seigneur, par la sainte Mère de Dieu que vous avez couronnée d'une gloire inestimable, en la retirant du siècle présent selon la condition de sa nature mortelle, et que vous nous donnez dans le Ciel pour une puissante protectrice par son intercession auprès de votre divine Majesté. Par.

Munera nostra, Domine, apud tuam clementiem Dei genitricis commendet, oratio quam de præsenti seculo pro conditione carnis migrantem inæstimabili gloriâ coronasti, et potenti intercessione nobis apud te tribuis subvenire. Per.

PRÉFACE. (*A la page* 12.)

COMMUNION.

Il s'acquéra de l'honneur parmi son peuple, et son nom vivra éternellement.

In populo hæreditabit honorem; et nomen illius erit vivens in æternum.

POSTCOMMUNION.

Nous vous conjurons, Seigneur, par les saints mystères qui viennent d'être célébrés, de conserver les effets de votre miséricorde parmi le peuple fidèle, et que par l'intercesion du bienheureux St.-Privat, votre martyr et votre pontife, nous nous attachions de plus en plus à vos préceptes. Nous vous en prions par J.-C. N. S.

Salutari mysterio, quæsumus, Domine, conserva in fideli populo misericordiam tuam : et nos beati Privati, martyris tui et Pontificis intercessione, tuis facias firmiùs inhærére documentis. Per.

Mémoire de l'Assomption.

Deus glorificator humi-
lium qui beatam Mariam
virginem hodiernâ die su-
per Angelos extulixti,
da nobis cœlesti pane in
hâc solemnitate nutritis,
ut ejus imitatione nos-
metipsos in omnibus hu-
miliantes à te exaltare
mereamur. Per.

O Dieu! qui glorifiez les
humbles, et qui avez en ce
jour élevé la bienheureuse
Vierge Marie au-dessus des
Anges, accordez à ceux
que vous avez nourris du
pain céleste dans cette solennité, la grâce de l'humilité qu'elle a pratiquée
sur la terre, afin de mériter
d'avoir part à la gloire dont
vous l'avez récompensée.

Quæsumus, omnipotens Deus, etc.; *page* 14.

A SEXTE.

Ant. Nihil vereor,
dummodò consummem
cursum meum et minis-
terium verbi quod accepi
à Domino Jesu, testifi-
cati Evangelium gratiæ
Dei.

Ant. Je ne crains rien;
il me suffit que j'achève ma
course et que j'accomplisse
le ministère que j'ai reçu
du Seigneur Jésus, qui est
de prêcher l'Evangile de la
grâce de Dieu.

CAPITULE.

Qui timet Dominum
nihil trepidabit et non
pavebit, quoniam ipse est
spes ejus.

Celui qui craint le Sei-
gneur ne craindra rien autre
et ne tremblera pas, parce
que Dieu même est son
espérance.

℞. *br.* Positus sum
prædicator et apostolus
* et magister gentium.
Alleluia, alleluia. Po-
situs sum. ℣. Ob quam
causam * hæc patior.
Alleluia. Gloria Patri.
Positus sum.

℞. *br.* J'ai été établi le
prédicateur et l'apôtre, et
le maître des nations. Alleluia, alleluia. J'ai été établi. ℣. Et c'est pour cela
que je souffre tous les maux.
Alleluia. Gloire. J'ai été
établi.

℣. Laboro usquè ad-
vincula quasi malè ope-
rans.

℞. Sed verbum Dei non
est alligatum.

℣. Je souffre jusqu'à être
dans les chaînes comme un
scélérat.

℞. Mais la parole de Dieu
n'est point en enchaînée.

A NONE.

Ant. Le roi tout enflammé de colère, sévit avec plus de cruauté contre celui-ci ; et il mourut, sans être souillé, dans une parfaite confiance en Dieu.

Ant. Rex accensus irâ, in hunc crudeliùs desævit, et hic mundus óbiit ; per omnia in Domino confidens.

CAPITUTE.

Je n'ai pas couru en vain, ni travaillé inutilement ; mais quand même je devrais répandre mon sang sur la victime et le sacrifice de votre foi, je m'en réjouirais en moi-même et je m'en féliciterais avec vous tous, et vous devriez aussi vous en réjouir et vous en féliciter avec moi.

Non in vacuum cucurri, neque in vacuum laboravi ; sed et si immolor suprà sacrificium et obsequium fidei vestræ, gaudéo et congratulor omnibus vobis ; idipsum autem et vos gaudete et congratulamini mihi.

℟. *br.* J'ai bien combattu, j'ai achevé ma course. Alleluia, alleluia, J'ai bien. ℣. Il ne me reste qu'à attendre la couronne de justice qui m'est réservée. Alleluia. Gloire. J'ai bien.

℟. *br.* Bonum certamen certavi, * cursum consummavi. Alleluia, Alleluia. Bonum. ℣. Reposita est mihi * corona justitiæ. Allelúia. Gloria Patri. Bonum.

℣. C'est vous, mon Dieu, qui avez écouté favorablement ma prière.

℟. Vous avez départi l'héritage à tous ceux qui craignent votre nom.

℣. Tu, Deus meus, exaudisti orationem meam.

℟. Dedisti hæreditatem timentibus nomen tuum.

A VÉPRES.

Ps. Le Seigneur a dit.

Ant. J'ai été fait ministre de l'Evangile par le don de la grâce de Dieu, qui m'a été conférée selon son opération toute-puissante.

Ps. Dixit Dominus.

Ant. Evangilii factus sum minister, secundùm operationem virtutis Dei.

Ps. Confitebor tibi, Domine.

Ps. Seigneur, je vous louerai.

Ant. Non enim subterfugi quominus annuntiarem omne consilium Dei vobis.

Ant. Je n'ai point manqué de vous annoncer tous les desseins de Dieu.

Ps. Beatus vir qui timet.

Ps. Heureux l'homme.

Ant. Excipientes verbum cum gaudio Spiritûs Sancti, conversi estis ad Deum à simulacris servire Deo vivo et vero.

Ant. Ayant reçu la parole de Dieu avec la joie du Saint-Esprit, vous vous êtes convertis à Dieu pour véritable.

Ps. Laudate pueri.

Ps. Louez le Seigneur.

Ant. Testis mihi est Deus, quomodo cupiam omnes vos in visceribus Jesu Christi, et hoc oro ut caritas vestra magis ac magis abundet.

Ant. Dieu m'est témoin avec quelle tendresse je vous aime tous dans les entrailles de J.-C. ; et ce que je lui demande, est que votre charité croisse de plus en plus.

PSAUME 115.

Credidi propter quod locutus sum, * ego autem humilitatus sum nimis.

J'ai cru avec une ferme foi ; c'est pourquoi j'ai parlé, malgré l'état d'humiliation où j'étais réduit.

Ego dixi in excessu meo : * omnis homo mendax.

J'ai dit dans le trouble qui m'agitait : il n'est point d'homme qui ne soit sujet à tromper.

Quid retribuam Domino, * pro omnibus quæ retribuit mihi ?

Que rendrai-je maintenant au Seigneur, pour tous les biens dont il m'a comblé ?

Calicem salutaris accipiam, * et nomen Domini invocabo.

Je prendrai le calice d'actions de grâces, et j'invoquerai le nom du Seigneur.

Vota mea Domino reddem, eoram omni populo ejus : * prætiosa in cons-

En présence de tout le peuple, je m'acquitterai des vœux que j'ai faits au Seigneur ; la mort des Saints est précieuse au Seigneur.

Vous prenez soin de moi, ô mon Dieu, parce que je suis votre serviteur, je suis votre serviteur, et le fils de votre servante.

Vous avez rompu mes liens ; c'est pourquoi je vous offrirai un sacrifice de louange , et j'invoquerai le nom du Seigneur.

Je m'acquitterai des vœux que j'ai faits au Seigneur , en présence de tout son peuple, dans les parvis de la maison du Seigneur ; au milieu de toi , ô Jérusalem !

Gloire soit au Père.

Ant. Et maintenant je vous recommande à Dieu et à la parole de sa grâce , à celui qui peut achever l'édifice que nous avons commencé et vous donner part à son héritage avec tous les Saints.

pectu Domini mors Sanctorum ejus.

O Domine, quia ego servus tuus ; * ego servus tuus, et filius ancillæ tuæ.

Dirupisti vincula mea,* tibi sacrificabo hostiam laudis, et nomen Domini invocabo.

Vota mea Domino reddam in conspectu omnis populis ejus,*in ātriis domûs Domini, in medio tui, Jerusalem.

Gloria Patri, etc.

Ant. Et nunc commendo vos Deo et verbo gratiæ ipsius, qui potens est ædificare et dare hæreditatem in sanctificatis omnibus.

CAPITULE.

Mes frères, efforcez-vous de rendre votre vocation et votre élection certaines , par vos bonnes œuvres ; car, agissant ainsi , vous ne pécherez jamais , et j'aurai soin que, même après ma mort, vous puissiez vous souvenir de ces choses.

Rendons grâces à Dieu.

Fratres ; satagite ut per bona opera, certam vestram vocationem et electionem faciatis : hæc enim facientes, non peccabitis aliquandò. Dabo autem eperam post obitum meum, ut horum memoriam faciatis.

Deo gratias.

HYMNE.

Tandis que les habitans des Cieux célèbrent à l'envi le bonheur de Privat entrant

Polo receptum, cœlites, Private dùm teconcinunt, Nos personemusinclytum

Testis triumphum cantibus.

Hic mortem felici novum
Cruci tropheum condidit,
Et quam reduxit finibus
Nostris salutem sanciit.

Quid barbarus diris parat,
Delere cœlibus fidem !
Surget per orbem pulchrior.
Suis renascens cladibus.

Beata tellus, quam pater
Fuso sacravit sanguine,
Fructus perennes edocens
Sinu feraci funderes.

Æterne regnanti comes
Agni, tuum ne deseras
Gregem, minaces comprime
Sævi draconis impetus.

Da Christe, tanti militis
Pugnare terris æmulos,
Da, quod supernis sedibus
Tenet, mereri præmium.

Sit Trinitati gloria,
Potente dextraque suos
Gaudet tueri martyres,
Jugique palma cingere.
　Amen.

dans la gloire, nous célébrons aussi son triomphe par des chants d'alégresse.

Par son martyre, il éleva à la Croix un nouveau trophée et affermit dans nos climats le salut qu'il y a apporté.

En vain, tyran féroce, tu voudrais éteindre dans son sein le flambeau de la foi, Renaissant de ces cendres, il en répandra dans l'univers un éclat plus brillant encore.

Heureuse terre qu'arrosa et santifia le sang de notre père dans la foi, fertilisée par cette précieuse semence, tu produiras désormais des fruits immortels.

Du haut du trône, où vous êtes élevé à côté de l'Agneau qui règne éternellement, n'abandonnez point votre troupeau et enchaînez la fureur du dragon cruel qui ne cherche qu'à le dévorer.

Jésus-Christ, inspirez-nous la noble ardeur de courir dans la carrière que nous a tracée ce généreux athlète, et d'obtenir la gloire dont il est couronné dans le Ciel.

Gloire vous soit rendue, Trinité sainte, qui mettez votre joie à soutenir vos martyrs de votre bras tout-puissant et à ceindre leurs fronts victorieux d'une palme immortelle. Amen.

℣. Mon âme vivra pour le Seigneur.

℟. Et ma postérité le servira.

℣. Anima mea Domino vivet.

℟. Et semen meum serviet ipsi.

A *Magnificat.*—ANTIENNE.

Je vous avertis de votre devoir comme mes très-chers enfans, puisque je vous ai engendrés en Jésus-Christ par l'Evangile ; soyez donc mes imitateurs comme je le suis moi-même de Jésus-Christ.

Ut filios meos carissimos moneo, nam in Christo Jesu per evangelium ego vos genui ; rogo ergo vos imitatores mei estote, sicut et ego Christi.

Oremus. Deus qui beati Privati, etc. *page* 22.

Mémoire de l'Assomption.

Ant. Dieu a regardé la bassesse de sa servante ; désormais tous les siècles m'appelleront bienheureuse pour les grandes choses que le Tout-Puissant à faites en ma faveur.

Ant. Respexit Deus humilitatem ancillæ suæ: ecce ex hoc beatam me dicent omnes generationes; quia fecit mihi magna qui potens est.

℣. Seigneur, vous avez mis sur sa tête une couronne, ℟. De pierres précieuses.

℣. Posuisti, Domine, in capite ejus coronam. ℟. De lapide pretioso;

Oremus. Veneranda nobis, etc. *page.* 22.

A COMPLIES.

Psaumes et Capitule du Dimanche.

Ant. La lumière s'est élevée sur ce qui habitaient dans la région des ombres de la mort.

Ant. Habitantibus in regione mortis lux orta est eis.

Hymne *Grates*, avec la Doxologie suivante.

Gloire, louange, honneur au Dieu unique en trois personnes, qui, des épaisses ténèbres où nous

Uni sit et trino Deo suprema laus, summum decus, de nocte qui nos ad suæ lumen vocavit gloriæ. Amen.

étions plongés, nous appelés à son admirab. lumière.	

A *Nunc dimittis.*—ANTIENNE.

Consolatus est Dominus populum suum : paravit brachium sanctum suum in oculis omnium gentium.

Le Seigneur a consolé so peuple : le Seigneur a dé ployé son bras saint et puis sant aux yeux de toutes le nations.

L'OCTAVE DE SAINT-PRIVAT.

NOTA. Les Offices sont les mêmes que ceux d la Fête ; mais on ne fait mémoire que du Dimanch occurrent.

COMMÉMORAISON

DES MIRACLES DE SAINT-PRIVAT.

Dans la Ville du Puy.

(I.er DIMANCHE APRÈS SAINT-LUC.)

L'Office comme au jour de l'Invention et Trans lation des Reliques de saint-Privat, en suppriman les Alleluia , excepté ce qui suit.

A LA PROCESSION.

Factus es mihi adjutor, Domine, et * Liberas me à rugientibus præparastis ad escam , de manibu quærentium animam meam, et de portis tribula tionum quæ circumdederunt me. ℣. Dominus mih astitit, et confortavit me ; et liberatus sum de or leonis. * Liberasti me. Gloria Patri. * Liberasti.

℣. Posuisti, Domine, etc. *Oremus.* Fac nos quæsumus, etc. *page 8.*

A LA MESSE.

INTROÏT.

Le Seigneur a élevé son Saint à une gloire admirable : Offrez à Dieu un sacrifice de justice, et espérez au Seigneur. *Ps.* Le Seigneur est grand et digne de toute louange, dans la cité de notre Dieu et sur sa sainte montagne. Gloire. Le Seigneur.

Mirificavit Dominus sanctum suum : sacrificate sacrificium justitiæ, et sperate in Domino. *Ps.* Magnus Dominus et laudabilis nimis. * in civitate Dei nostri, in monte sancto ejus. Gloria Patri. Mirificavit.

ORAISON.

O Dieu, qui avez fait connaître, par des miracles sans nombre, que vous agréez l'invocation de vos Saints; daignez accorder à vos serviteurs qui célèbrent la mémoire des miracles de Saint-Privat, la grâce d'éprouver que ses prières ont auprès de vous, en leur faveur, le même pouvoir qu'elles ont eu pour leurs ancêtres. Par.

OREMUS.

Deus, qui tuorum sanctorum tibi scceptam esse invocationem, inumeris miraculis probasti, intende nobis commemorationem miraculorum beati Privati celebrantibus ; et quâ novimus apud te pro majoribus nostris eum gratiâ valuisse, eâ ipsum pro nobis valere sentiamus. Per.

NOTA. A la Collecte, à la Secrète, à la Post-Communion et à Vêpres, on fait Mémoire du Dimanche occurent dont on lit l'Evangile à la fin de la Messe.

Lecture de l'Epître de Saint-Paul, Apôtre, aux Corinthiens.

Mes frères, nous prêchons la sagesse aux parfaits ; non la sagesse de ce monde, ni des princes de ce monde, qui se détruisent : mais nous prêchons ja sagesse de Dieu renfermée dans son mystère,

Lectio Epistolæ beati Pauli Apostoli, ad Corinthios.

Fratres, sapientiam loquimuo inter perfectos: sapientiamvero nonhujus seculi, neque principum hujusseculi, quidestruuntur : sed loquimur Dei sapientiam in mysterio, quæ abscondita est, quam præstinavit Deus antè secula ingloriamnostram, quam nemo principum hujus seculi cognovit : si enim cognovissent, numquam Dominum gloriæ crucifixissent. Sed sicut scriptum est : Quod oculus non vidit, nec auris audivit, nec in cor hominis ascendit, quæ præparavit Deus iis qui diligunt illum : nobis autem revelabit Deus per spiritum suum : spiritus enim omnia scrutatur, etiam profunda Dei. Quis enim hominum scit quæ sunt hominis, nisi spiritus hominis, qui in ipso est. Ita et quæ Dei sunt, nemo cognovit, nisi spiritus Dei. Nos autem non spiritum hujus mundi accepimus, sed spiritum qui ex Deo est, ut sciamus quæ à Deo donata sunt nobis : quæ et loquimur, non in doctis humanæ sapientiæ verbis ; sed in doctrinâ Spiritûs, spiritualibus spiritualia comparantes.

cette sagesse cachée qu'il avait prédestinée et préparée avant tous les siècles pour notre gloire, que nul des princes de ce monde n'a connue ; puisque s'ils l'eussent connue, ils n'eussent jamais crucifié le Seigneur de la gloire, et de laquelle il est écrit ; que l'œil n'a point vu, l'oreille n'a point entendu ; et le cœur de l'homme n'a jamais conçu ce que Dieu a préparé pour ceux qui l'aiment. Mais pour nous, Dieu nous l'a révélé par son esprit, parce que l'esprit pénètre tout, et même ce qu'il y a de plus caché dans la profondeur de Dieu. Car, qui des hommes connaît ce qui est en l'homme, sinon l'esprit de l'homme qui est en lui ? Ainsi, nul ne connaît ce qui est en Dieu, excepté l'esprit de Dieu. Or, nous n'avons point reçu l'esprit du monde, mais l'esprit de Dieu, afin que nous connaissions les dons que Dieu nous a faits : et nous les annonçons, non avec les discours qu'enseigne la sagesse humaine, mais avec ceux que l'esprit enseigne, traitant spirituellement les choses spirituelles.

GRADUEL.

In vitâ suâ fecit monstra, et in morte mirabilia operatus est. ℣. A Domino

Il a fait des prodiges pendant sa vie, et des miracles après sa mort.

✢. C'est le Seigneur qui fait par lui ces merveilles, qui sont dignes de notre admiration. Alleluia, allel.

✢. Que le nom du Seigneur soit béni dans tous les siècles, comme il l'a été dès le commencement; parce que la sagesse et la force sont en lui.

Alleluia.

factum est istud, et est mirabile in oculis nostris. Alleluia, alleluia.

℣. Sit nomen Domini benedictum à seculo et usquè in seculum ; quia sapientia et fortitudo ejus sunt.

Alleluia.

Évangile de la Translation des Reliques de St-Privat, page 10.

OFFERTOIRE.

Tout le peuple vint en foule, et ils se prosternèrent le visage contre terre pour adorer le Seigneur leur Dieu, et pour rendre leurs vœux au Tout-Puissant, au Dieu Très-Haut.

Omnis populus simul properaverunt, et ceciderunt in faciem suam super terram, adorare Dominum Deum suum et dare preces omnipotenti Deo excelso.

SECRÈTE.

Daignez nous accorder, Dieu Tout-Puissant, la grâce de vous rendre par ces sacrifices que nous vous offrons en l'honneur de St-Privat, votre martyre et pontife, des hommages qui vous soient agréables, et d'augmenter en nous, par le bonheur d'y participe, la vie de la grâce. Par.

Concede nobis, omnipotens Deus, ut his muneribus quæ pro sancti Privati, martyris tui atque pontificis, honore deferimus, et tibi placeamus exhibitis, et vivificemur acceptis. Per Dominum, etc.

PRÉFACE. (*Voir la page* 12.)

COMMUNION.

Dieu l'a oint de l'Esprit saint et de force; il allait de lieu en lieu faisant du bien

Unxit eum Deus Spiritu Sancto in virtute, qui pertransiit benefaciendo et sanando. Transiens adjuva nos.

partout, et il guérissait les malades. Ayez toujours pour nous la même sollicitude et continuez de nous secourir.

POSTCOMMUNION.

Deus, qui reliquiarum sancti Privati præsentiâ plures ægrotes sanare dignatus es, præsta, quæsumus, ut sacris mysteriis refecti, sancti pontificis et martyris intercessione, à morbis animi liberemur. Per.

O Dieu, qui daignâtes guérir autrefois plusieurs malades par la présence des reliques de St-Privat, daignez guérir, nous vous en conjurons, par l'intercession de ce saint pontife et martyr, les maux de nos ames nourries de vos sacrés mystères. Par.

A VÉPRES.

Psaumes du Dimanche.—Antiennes, Capitule et Versets comme à la page 17 et suivantes.

HYMNE.

Ex quo salus mortalium,
Fluxit sacer Dei cruor ;
Homo redemptus æmulum
Deo litavit sanguinem.

Depuis que le Fils de Dieu a répandu son sang pour le salut des hommes, l'homme racheté par ce sang adorable s'empresse à son tour de répandre le sien pour son libérateur.

Non jam crucis Christi pudet,
Quin surgit ingens gloria,
Deum fateri mortuum,
Pro mortuo mori Deo.

Loin de rougir de la croix de Jésus-Christ, il met toute sa gloire à confesser un Dieu mort, et à mourir pour ce même Dieu qui s'est livré à la mort pour lui.

Hoc iste plenus spiritu,
Ridet minas, ridet neces ;
Tuâque fretus dexterâ,
Tibi, redemptor militat.

Plein de cet esprit, le saint martyr que nous honorons méprise le menaces et les morts les plus cruelles ; soutenu par votre bras puissant, il combat généreusement pour vous, ô Jésus, qui êtes notre rédempteur.

Les yeux fixés sur la couronne qui lui est destinée, il vole aux tourmens plein de confiance ; mais s'il se livre volontairement à la mort, c'est dans l'espérance de la vaincre et de jouir par elle d'une meilleure vie.

Seul et sans défense, il lasse une multitude de bourreaux et il étonne le juge ; il succombe enfin sous le poids des tourmens, mais en succombant, il triompho de ses vainqueurs.

Faites, ô Jésus, que nous imitions le courage héroïque de cet illustre martyr, et que nous supportions généreusement les afflictions de cette vie pour la gloire de votre nom.

Gloire vous soit rendue, ô Père éternel du Verbe ; qu'elle vous soit aussi rendue, ô Fils éternel du Père : Esprit Saint, égal au Père et au Fils, soyez également glorifié à jamais. Ainsi soit-il.

Parata spectans præmia,
Securus ad pœnas volat :
Sic pugnat, ut speret mori,
Et morte mortem vincere.

Unus tot armatas manus,
Stupente lassat judice ;
Et tortus ipsis qui cadit,
Torquentibus fit fortior.

Da Christe, tanti militis,
Æquare facta fortia :
Da sustinere pro tuo,
Quodcumque durum, nomine.

Æterne tu Verbi Pater,
Æterne Fili par Patri,
Et par utrique Spiritus,
Tibi, Deus, sit gloria.
Amen.

LITANIES DE SAINT-PRIVAT.

Seigneur, ayez pitié de nous ;

Kyrie eleison,

Jésus-Christ, ayez pitié de nous ;

Christe eleison,

Seigneur, ayez pitié de nous ;

Kyrie eleison ;

Jésus-Christ, écoutez-nous,

Christe, audi nos ;

Christe, exaudi nos;
Jésus-Christ, exaucez-nous,

Pater de Cælis Deus, miserere nobis;
Dieu le Père céleste, ayez pitié de nous;

Fili Redemptor mundi Deus, miserere nobis;
Dieu le Fils, Rédempteur du monde, ayez pitié de nous;

Spiritus sancte Deus, miserere nobis;
Dieu le Saint-Esprit, ayez pitié de nous;

Sancta Trinitas uns Deus, miserere nobis;
Trinité sainte, un seul Dieu, ayez pitié de nous;

Sancta Maria, ora pro nobis.
Sainte Marie, priez pour nous.

Sancta Dei genitrix,
Sainte Mère de Dieu,

Sancta Virgo virginum,
Sainte Vierge des Vierges;

Sancte Private, fidelis serve Dei,
Saint Privat, fidèle serviteur de Dieu,

Sainte Private, indefesse Evangelii præco,
Saint Privat, ministre infatigable de l'Evangile,

Sancte Private, ovium perditarum quæsitor,
Saint Privat courant après les brebis infidèles,

Sancte Private, Gabalorum apostole,
Saint Privat, apôtre du Gévaudan,

Sancte Private, bonorum pastorum exemplar,
Saint Privat, modèle des bons pasteurs,

Sancte Private, fortitudinis et patientiæ exemplar,
Saint Privat, modèle de fermeté et de patience,

Sancte Private, in recessu tuo, orationis exemplar,
Saint Privat, modèle d'oraison dans votre retraite,

Sancte Private, precibus et lacrymis rorem cœli in populum tuum provocans,
Saint Privat, attirant par vos prières et vos larmes les bénédictions du Ciel sur votre peuple,

Sancte Private, nitens Cleri speculum,
Saint Privat, miroir des parfaits ecclésiastiques,

Sancte Private, gemma sanctuarii,
Saint Pivat, pierre précieuse du sanctuaire,

Sancte Private, custos provigil vineæ Domini,
Saint Privat, garde vigilant de la vigne du Seigneur,

Sancte Private, stella gallicanæ Ecclesiæ refulgens,
Saint Privat, brillante étoile de l'Eglise de France,

Saint Privat, l'ornement des Évêques,
Saint Privat, destructeur des idoles,
Saint Privat, vainqueur des démons,
Saint Privat, défenseur intrépide de la vérité,
Saint Privat, inaccessible aux promesses et aux menaces des païens,
Saint Privat, sauveur de votre troupeau,
Saint Privat, victime de votre charité ardente,
Saint Privat, succombant sous les coups des païens,
Saint Privat, expirant entre les bras de vos enfans,
Saint-Privat, confesseur et martyr de J.-C.,
Saint Privat, devenu après votre mort notre puissant bienfaiteur,
Saint Privat, brillant de la gloire de vos miracles,
Saint Privat, apaisant les dissensions civiles,
Saint Privat, l'appui de tous ceux qui vous invoquent,
Saint Privat, patron de notre diocèse,
Saint Privat, notre puissant intercesseur,
Saint Privat, opérant la guérison des malades,
Priez pour nous.
Priez pour nous, afin que

Priez pour nous.

Sancte Private, summum decus præsulum,
Sancte Private, idolorum destructor;
Sancte Private, dæmonum debellator,
Sancte Private, impavide veritatis defensor,
Sancte Private, promissis et minis paganorum superior,
Sancte Private, gregis tuis salvator,
Sancte Private, ardentis caritatis victima,
Sancte Private, paganorum verberibus contuse,
Sancte Private, in manibus tuorum animam effundens,
Sancte Private, Christi confessor et martyr,
Sancte Private, benevola potentia post necem egregie,
Sancte Private, miraculis clarissime,
Sancte Private, dissidiorum civilium sedator,
Sancte Private, clientibus tuis præsidium,
Sancte Private, diœcesis mimatensis patrone,
Sancte Private, intercessor noster potentissime,
Sancte Private, ægrotantium salus,
Ora pro nobis.
Ut anima nostra ab omni

Ora pro nobis.

labe peccati expurgetur,
Te rogamus, audi nos.
Ut pretiosum fidei quam patres docuisti depositum custodamus,

Ut in spe cœlestium honorum quotidiè roboremur,

Ut crescamus in cognitione, et caritate Christi,

Ut nimiam caritatem tuam in fratres nostros exeramus,

Ut inimicis nostris bonum pro male rependamus,
Ut nec blanditiis, nec dicteriis, nec minis à fide declinemus,

Ut cum metu et tremore salutem nostram operemur,

Ut tentationes in vitâ, præsertim in exitu nostro superemus,

Ut mortem æternum devitemus,

Ut Deus nobis perseverantiæ donum largiatur,

Te rogamus, audi nos.

nous soyons guéris de nos maladies spirituelles;

Priez pour nous, afin que nous conservions le précieux dépôt de la foi que vous avez préchée à nos pères;

Priez pour nous, afin que nous nous fortifions chaque jour dans l'espérance des biens éternels;

Priez pour nous, afin que nous croissions dans la connaissance et l'amour de Jésus-Christ;

Priez pour nous, afin que nous exercions votre charité sans bornes à l'égard de tous nos frères;

Priez pour nous, afin que nous rendions le bien pour le mal à nos ennemis;

Priez pour nous, afin que nous ne soyons jamais ébranlés dans notre religion, ni par les caresses, ni par les railleries, ni par les menaces du monde.

Priez pour nous, afin que nous opérions notre salut avec crainte et tremblement;

Priez pour nous, afin que nous soyons délivrés des tentations en cette vie, et surtout à l'heure de notre mort;

Priez pour nous, afin que nous évitions la mort éternelle;

Priez pour nous, afin que Dieu nous donne la grâce de la persévérance.

Priez pour nous, afin que nous ayons le bonheur de vous être réunis dans le Ciel.

Agneau de Dieu, qui effacez les péchés du monde, Pardonnez-nous Seigneur.

Agneau de Dieu, qui effacez les péchés du monde, Exaucez-nous, Seigneur.

Agneau de Dieu, qui effacez les péchés du monde, Ayez pitié de nous.

Ant. Souvenez-vous de vos pasteurs qui vous ont prêché la parole de Dieu; et, considérant quelle a été leur vie, imitez leur foi.

℣. C'est lui qui a été le pasteur de nos pères,

℟. Et qui a reçu des paroles de vie pour nous les donner.

ORAISON. Dieu Tout-Puissant, qui, par la prédication du bienheureux St.-Privat, votre pontife et votre martyr, avez fait passer à la lumière admirable de l'Evangile des peuples ensevelis dans les ténèbres de l'infidélité; faites que, par l'intercession de notre saint pontife, nous croissions de plus en plus dans la grâce et la connaissance de N. S. J. C., l'unité du St.-Esprit, dans tous les siècles des siècles.

Ainsi soit-il.

Ut felicitate perpetuâ tecum satiemur in cælo,

Te rogamus audi nos.

Agnus Dei, qui tollis peccata mundi,

Parce nobis, Domine.

Agnus Dei, qui tollis peccata mundi,

Exaudi nos, Domine.

Agnus Dei, qui tollis peccata mundi,

Miserere nobis.

Ant. Memento te præpositorum vestrorum, qui vobis locuti sunt verbum Dei; quorum intuentes exitum conversationis imitamini fidem.

℣. *Hic est qui fuit in Ecclesiâ cum patribus nostris;*

℟. *Qui accepit verba vitæ dare nobis.*

ORAISON. *Deus, qui beati Privati, pontificis tui et martyris, prædicatione de infidelitatis tenebris populos in admirabile Evangelii lumen transtulisti; fac ut ejus intercessione crescamus in gratiâ et cognitione Domini nostri Jesu Christi Filii tui, qui tecum vivit et regnat in unitate Spiritûs Sancti, Deus, Per, etc.* qui vit et règne avec vous, en tous les siècles des siècles.

MISSA VOTIVA
DE SANCTO
PRIVATO.

INTROÏTUS.

ACCEPIT eum Dominus pascere Jacob servum suum, et Israël hæreditatem suam; et pavit eos in innocentiâ cordis sui, et in intellectibus manuum suarum deduxit eos (*Temp. Paschali.* Alleluia, Alleluia.) (*ps.*) Attendite, popule meus, legem meam, inclinate aurem vestram in verba oris mei. Gloria Patri. (*Accepit.*) (*ps.* 77.)
(*Dicitur Gloria in excelsis.*)

(*Collecte*)
OREMUS.

DOMINE Jesu, salus æterna credentium, opus confirma quod operatus es in nobis; et præsta, ut, intercedente Beato Privato martyre tuo et pontifice, lumen fidei, in quo visitâsti nos, Oriens ex alto, dirigat pedes nostros in viam pacis, et, gratiæ tuæ virtute potentes, tibi Verbo vitæ, firmiter adhærere

MESSE VOTIVE
DE SAINT
PRIVAT.

INTROÏT.

LE Seigneur lui confia les enfans de Jacob son serviteur, et la succession d'Israël; il les nourrit du pain de vie dans l'innocence de son cœur, et il les conduisit selon son intelligence. (*Au Temps de Pâques.* Alleluia, alleluia.) (*Ps.*) Peuple écoutez ma loi, prêtez l'oreille à mes paroles. Gloire au Père. (Il reçut.) (*Ps.* 77.)

(On dit le *Gloria in excelsis.*)
(*Collecte.*)
PRIONS.

O JÉSUS, salut éternel des croyans, achevez l'œuvre que vous avez opérée en nous : faites que par l'intercession du bienheureux St. Privat, martyr et pontife, la lumière de la foi que vous avez répandue, nous éclaire dans le chemin de la paix, et que partout soutenus par votre grâce, nous puissions nous attacher plus fortement à vous, Verbe de vie, qui vivez et régnez, etc.

Lecture de l'Epître de Saint Paul aux Philippiens. Chap. 4.

Mes frères, réjouissez-vous toujours dans le Seigneur : oui, je vous le répète réjouissez-vous en lui. Que votre modestie soit connue de tous les hommes : le Seigneur est proche. Ne vous inquiétez de rien ; mais en quelque état que vous soyez, présentez vos demandes à Dieu par des supplications et des prières accompagnées d'actions de grâces, et que la paix de Dieu qui surpasse tout entendement, garde vos cœurs, et vos pensées en Jésus-Christ. Du reste, mes frères, que tout ce qui est vrai, tout ce qui est justes, tout ce qui est saint, tout ce qui est aimable, tout ce qui est honorable, en un mot tout ce qui appartient à la vertu, aux bonnes œuvres, soit l'objet de vos pensées, Faites ce que je vous ai enseigné, et mandé, ce que je vous ai dit, et que vous m'avez vu faire, et la paix de Dieu sera avec vous.

(*Graduel.*) Je vous ai choisi pour faire alliance avec mon peuple, pour réjouir la terre, et dire que vous possédez les héritages

valeamus ; qui vivis et regnas, etc.

Lectio Epistolæ Beati Pauli Apostoli ad Phillipenses. Chap. 4.

Fratres, gaudete in Domino semper ; iterum dico, gaudete. Modestia vestra nota sit omnibus hominibus. Dominus propè est. Nihil solliciti sitis; sed in omni oratione et obsecratione, cum gratiarum actione, petitiones vestræ innotescant apud Deum. Et pax Dei, quæ exuperat omnem sensum, custodiat corda vertra, et intelligentias vestras, in Christo Jesu ; de cætero, fratres, quæcumque sunt vera, quæcumque justa, quæcumque sancta, quæcumque amabilia, quæcumque bonæ famæ, si qua virtus, si qua laus disciplinæ . hæc cogitate. Quæ et didicistis, et accepistis, et audistis, et vidistis in me, hæc agite : et Deus pacis erit vobiscum.

(*Graduale.*) Dedi te in fœdus populi, ut suscitares terram, et possideres hæreditates dissipatas, et diceres his qui vinctisunt:

exite; et his qui in tenebris, revelamini. (*Is. c.*
49.) ℣. Evangelium nos-
trum non fuit ad vos in
sermone tantùm, sed et
in virtute, et in spiritu
sancto, et in plenitudine
multâ. (*I. Thess. c.* 1.)

Alleluia. Alleluia. ℣.
Hic est qui fuit in Ecclesiâ cum patribus nostris,
qui accepit verba vitæ dare nobis. Alleluia. (*Act.*
c. 7.)

(*Post septuagesimam,
omissis* Alleluia *et versu,
dicitur.*)

(*Tractus.*) Confitemini
Domino, et invocate no-
men ejus : annuntiate in-
ter gentes opera ejus. Cantate ei et psallite ei, nar-
rate omnia mirabilia ejus.
Laudamini in nomine
ejus : Lætetur cor quæ-
rentium Dominum. Quæ-
rite Dominum, et con-
firmamini ; quærite fa-
ciem ejus semper. Memen-
tote mirabilium ejusquæ
fecit, prodigia ejus, et ju-
dicia oris ejus. (*Ps.* 104.)

(*Tempore paschali, loco
Gradualis, dicitur.*)
Alleluia, Alleluia. ℣. A

dispersés, et que vous disiez
à ceux qui sont dans les fers :
sortez, et à ceux qui sont
dans les ténèbres, soyez
éclairés. (*Is. c.* 49.) ℣. La
prédication que nous avons
faite de notre Evangile n'a
pas consisté seulement en
des paroles, mais elle a été
accompagnée de la vertu
des miracles des dons du
Saint-Esprit, et d'une grande abondance de grâces.
(*I. Thess. c.* 1.)

Alleluia, alleluia. ℣. C'est
lui qui fut dans l'assemblée
avec nos pères, qui reçut la
mission de nous transmettre
les paroles de vie. Alleluia.
(*Act. c.* 7.)

(*Après la Septuagésime,
au lieu de* l'Alleluia *et du
verset on dit.*)

(*Suite.*) Rendez gloire
au Seigneur, et invoquez
son nom : annoncez ses œuvres aux nations, chantez
ses louanges, publiez ses
merveilles, soyez bénis en
son saint nom ; réjouissez-
vous vous qui cherchez le
Seigneur : cherchez le Seigneur, et vous serez affer-
mis ; cherchez-le toujours.
N'oubliez jamais les choses
admirables qu'il a faites,
ses prodiges et les jugemens
qu'il a prononcés. (*Ps.* 104.)

(*A Pâques, au lieu du
Graduel, on dit*)
Alleluia, alleluia. ℣. Je

vous ai appelé de bien loin, et je vous ai dit : vous êtes mon serviteur, je vous ai choisi : ne craignez rien, je suis avec vous (*Is. c. 41.*)

Alleluia, alleluia. ℣. Combattez jusqu'à la mort pour la défense de la justice, Dieu combattra pour vous vos ennemis. (*Eccli. c. 4.*)

Évangile selon Saint Luc. Chap. 10.

En ce temps-là, Jésus dit à ses disciples : La moisson est abondante et il y a peu d'ouvriers, priez donc le maître de la moisson qu'il y envoie des ouvriers. Allez : je vous envoie comme des agneaux parmi des loups. Ne portez ni sac, ni besace, ni chaussure, et ne saluez personne en chemin. Dans toutes les maisons où vous entrerez, dites : La paix soit dans cette maison, et s'il s'y trouve quelque enfant de paix, votre paix reposera sur lui ; si non, elle retournera sur vous, restez cependant dans cette même maison, mangeant et buvant ce qu'on vous offrira : tout ouvrier doit obtenir sa récompense. N'allez pas de maison en maison, et dans quelque ville que vous entriez, si on vous reçoit mangez ce qu'on vous servira ; guéris-

longinquis vocavi te, et dixi tibi : Servus meus es tu, elegi te. Ne timeas, quia ego tecum sum. (*Is. c. 41.*)

Alleluia, Alleluia. ℣. Usque, ad mortem certa pro justitiâ, et Deus expugnabit pro te inimicos tuos. Alleluia. (*Eccli. c. 4.*)

Sequentia sancti Evangelii secundùm Lucam. (Cap. 10.)

In illo tempore dicebat Jesus discipulis suis : messis quidem multa, operarii autem pauci. Rogate ergo Dominum messis, ut mittat operarios in messem suam. Ite : ecce ego mitto vos sicut agnos inter lupos. Nolite portare sacculum, neque peram, neque calceamenta, et neminem per viam salutaveritis. In quamcumque domum intraveritis, primùm dicite : Pax huic domui : et si ibi fuerit filius pacis, requiescet super illum pax vestra ; sin autem, ad vos revertetur. In eâdem autem domo manete, edentes et bibentes quæ apud illos sunt : dignus est enim operarius mercede suâ. Nolite transire de domo in domum. Et in quamcumque civitatem intraveritis, et susceperint vos, manducate quæ apponuntur vobis : et curate infirmos, qui in illâ sunt, et dicite illis : Appropinquavit in vos regnum Dei.

(*Non dicitur* Credo.)

(*Offertorium.*) QUÆSIERUNT me qui antè non interrogabant : invenerunt qui non quæsierunt me : dixi : Ecce ego, ad gentem, quæ non invocabat nomen meum. (*Tempore paschali,* Alleluia.) (*Is. c.* 65.)

Secreta. MULTIPLICA super nos, Domine, misericordiam tuam, et Beati Privati memoriam recolentibus da cor docile, et robur invictum, ut in omni opere et sermone bono conversantes, dignum percipiamus fructum ex ejus imitatione, qui, per Evangelium, nos genuit in Christo Jesu, Filio tuo, Domino nostro, qui tecum vivit, etc. (*Præfatio de sancto Privato, pag.* 12.)

(*Communio.*) NIHIL vereor, nec facio animam meam pretiosiorem quàm me, dummodo consummem cursum meum, et ministerium verbi, quod accepi à Domino Jesu.

sez les malades qui s'y trouvent, et dites-leur : Le règne du Seigneur est proche.

(*On ne dit pas le* Credo)

(*Offertoire.*) CEUX qui me fuyaient m'ont cherché ensuite : ceux qui ne me cherchaient pas m'ont trouvé. J'ai dit : Me voici chez ce peuple qui n'invoquait pas mon nom. (*Au temps de Pâques.* Alleluia.) (*Is. c.* 65.)

Secrète. MULTIPLIEZ sur nous, Seigneur, les dons de votre miséricorde, et donnez à ceux qui honorent la mémoire du bienheureux St. Privat, un cœur docile et une force invincible, afin que pratiquant de bonnes œuvres, et fidèles à votre loi, nous recueillions en l'imitant des fruits dignes de lui, qui, par l'Evangile, nous engendra en Jésus-Christ, votre fils, notre Seigneur, qui vit avec vous, etc. (*Préface de Saint-Privat, page* 12.)

(*Communion.*) JE ne crains rien : je ne regarde point ma vie comme plus précieuse que moi, pourvu que je finisse ma course, et que j'accomplisse le ministère de la parole que j'ai accepté de Jésus, mon Dieu. (*Au temps de Pâques. Alleluia.*) (*Act. c.* 20.)

(*Postcommunion.*) QUE les prières de tous ceux qui souffrent arrivent jusqu'à vous, Seigneur : faites que nos cœurs s'enflamment du feu sacré de votre amour, que vous êtes venu répandre sur la terre, et que, par votre charité, s'empressa d'allumer en nous, le saint Pasteur qui, aidé par votre précieuse grâce et à force de travaux, sema parmi nous la parole de la foi, et la rendit féconde en mourant pour elle : ô vous qui régnez et vivez avec Dieu le père, etc.

(*Tempore paschali*, Alleluia.) (*Act. c.* 20.)

(*Postcommunio.*) ASCENDANT ad te, Domine, preces de quâcumque tribulatione clamentium, et fac ut corda nostra illo tui amoris igne ardeant, quem venisti mittere in terram et quem, urgente caritate tuâ, in nobis accendi curavit Pastor bonus qui, ope gratiæ tuæ adjutus, verbum fidei inter nos multo labore seminavit, et fuso sanguine fecundavit ; qui vivis et regnas cum Deo Patre, etc.

CANTIQUE

EN L'HONNEUR DE SAINT-PRIVAT.

AIR : *Sion, de ta mélodie.*

CÉLÉBRONS tous la mémoire
De notre illustre Patron :
Ses bienfaits, son nom, sa gloire
Triomphent dans ce canton.
Offrez-lui, peuple fidèle,
Vos prières et vos vœux :
D'une couronne immotelle
Son front est ceint dans les cieux.

QUE ces jours furent propices,
Ces jours auxquels nos aïeux
Nous transmirent les prémices
De tant de faits merveilleux !
Il renversa les idoles
Et les temples orgueilleux ;
De leurs sectateurs frivoles
Le bandeau tomba des yeux.

DE *Crocus*, ce roi barbare,
Les efforts sont impuissans :
Par une fermeté rare
Le saint brave les tourmens.
Il ranime son courage ;
Sa foi le rend indompté,
Et sa mort devient le gage
De son immortalité.

DIEU couronne sa victoire
Au sein même du tombeau,
Et fait resplendir sa gloire
D'un lustre encore plus beau.
Combien de cités honorent
Un dépôt si précieux,

Quand leurs habitans implorent
Sa puissance dans les cieux !
   Du peuple qui vous révère
Comme son premier pasteur ,
Grand saint , vous êtes le père ,
L'asile et l'intercesseur.
Oui , rempli de confiance ,
A vous seul il a recours ,
Comme l'unique espérance ,
L'unique appui de ses jours.

   Puissions-nous , sous vos auspices ,
En imitant vos vertus ,
Immoler à Dieu nos vices
Comme ses dignes élus !
Comblé enfin de ses grâces ,
Dans le ciel puissions-nous tous ,
En suivant toujours vos traces ,
Régner un jour avec vous.

Antienne. Heureux le Peuple du Gévaudan qui a eu en Saint-Privat un si bon pasteur , qui n'a cherché , durant sa vie , que la gloire de Dieu et le salut de son troupeau.

℣. Ce saint a combattu jusqu'à la mort pour la loi du Seigneur.

℞. Et il n'a jamais appréhendé les paroles des impies.

LA VIE

DES SS. GERVAIS ET PROTAIS,

MARTYRS ET PATRONS DE L'ÉGLISE PAROISSIALE DE MENDE.

COMME l'Eglise de Milan se trouvait dans un grand danger en 386, et qu'elle avait besoin d'un secours extraordinaire, Dieu fit découvrir les corps de ces saints pour arrêter la fureur de l'impératrice Justine. Cette princesse faisait tous ses efforts pour chasser St-Ambroise de son église, et pour établir l'impiété des Ariens sur les ruines de la foi catholique. Dans cette conjoncture, Dieu révéla à saint Ambroise, par une vision qu'il eût en songe, où étaient les reliques des SS. Gervais et Protais.

St-Ambroise fit assembler les évêques de la province et du voisinage, et en leur présence on déterra ces saints corps qui rendaient une odeur admirable. L'abrégé de leur vie que l'on trouva portait que ces deux frères ayant hérité de grands biens, les distribuèrent aux pauvres et se retirèrent dans une petite maison, où ils vécurent dans une austère pénitence, jeûnant et priant Dieu continuellement. Le comte Astale, à la sollicitation des prêtres des idoles, fit emprisonner ces deux saints pour les obliger à sacrifier aux faux dieux ; mais ils s'en défendirent avec tant de fermeté, que le tyran devenant furieux comme une bête farouche, fit déchirer le corps de Saint-Gervais à coups de fouets et de cordes plombées, en sorte que ses entrailles paraissaient à découvert; et se tournant du côté de Saint-Protais, les yeux étincellans de colère, il lui dit : Fais toi sage aux dépens de ton frère, si tu ne veux être traité comme lui. Le saint lui répondit qu'il ne souhaitait autre chose que d'imiter son frère et de mourir pour l'amour de J.-C. Il fut donc exposé au même supplice, et ensuite on leur trancha la tête. Quelques chrétiens enterrèrent leurs corps avec cet abrégé de leur martyre.

Quand on les leva de terre, leurs reliques furent exposées pendant deux jours, et il y eût un concours extraordinaire de peuple que Dieu rendit témoin de plusieurs miracles. On porta ces saintes reliques dans la basilique Ambroisienne ; et ce fut pendant la marche de la procession qu'arriva la guérison d'un aveugle nommé Sévère, connu de toute la ville. Les Ariens firent ce qu'ils purent pour infirmer la vérité de ce miracle et de plusieurs autres ; mais ils ne purent y réussir, et l'église de Milan rentra dans le calme.

Réflexions. La mort des saints est précieuse devant Dieu ; il a soin de rendre leur mémoire glorieuse ; non-seulement il préserve leurs corps de la corruption ; mais aussi, contre l'ordre de la nature, ces corps exalent une odeur qui embaume. Il fait de miraculeuses révélations pour les tirer de l'obscurité du tombeau et les faire honorer par tous les fidèles.

FÉTE DES SS. GERVAIS ET PROTAIS,

Martyrs et Patrons de l'Église paroissiale de Mende. (19 Juin.)

A TIERCE.

Ant. Elegerunt magis mori, et noluerunt infringere legem Dei sanctam, et trucidati sunt.

Ant. Ils préférèrent la mort à la violation de la sainte loi de Dieu, et ils furent massacrés.

CAPITULE.

Justorum animæ in manu Dei sunt, et non tanget illos termentum mortis. Visi sunt oculi insipientium mori, et æstimata est afflictio exitus illorum, et quod à nobis est iter, exterminium : illi autem sunt in pace.

Les âmes des justes sont dans la main de Dieu, et le tourment de la mort ne les teuchera point. Ils ont paru morts aux yeux des insensés : leur sortie du monde a passé pour un comble d'affliction, et leur séparation d'avec nous pour une ruine entière.; mais cependant ils sont en paix.

R. *br.* Custodit Dominus * animas sanctorum suorum. Custodit. ℣. De manu peccatoris * liberabit * animas. Gloria Patri. Custodit.

℟. *br.* Le Seigneur garde les âmes de ses saints. Le Seigneur. ℣. Et il les délivrera de la main du pécheur. Gloire. Le Seigneur.

℣. Dominus loquetur pacem in plebem suam ,

℣. Le Seigneur dira des paroles de paix pour son peuple ,

℟. Et super sanctos suos.

℟. Et pour ses saints.

A LA PROCESSION.

Hi sunt qui venerunt de tribulatione magnâ, et laverunt stolas suos et dealbaverunt eas in sanguine Agni : * Ideò sunt antè thronum Dei, et serviunt ei die ac nocte in templo ejus. ℣. Vicerunt propter sanguinem Agni et propter verbum testimonii sui, et non dilexerúnt animas suas usquè ad mortem. * Ideò. Gloria Patri. * Ideò sunt antè thronum.

℣. In æternum exultabunt;

℞. Et habitabis in eis.

Oremus. Omnipoténs et misericors Deus, adesto votis Festivitatis hodiernæ ; et Ecclesiæ tuæ gaudiis de beatorum Martyrum tuorum gloriâ conceptis, benignus aspira; ut et corda nostra passione ipsorum accendantur, et apud misericordiam tuam eorum adjuvemur meritis, quorum instruimur exemplis : Per Christum.

A LA MESSE.

INTROÏT.

Les yeux du Seigneur sont arrêtés sur ceux qui le craignent et qui espèrent en sa miséricorde, pour délivrer leurs âmes de la mort ; parce qu'il est leur secours et leur protecteur. *Ps.* Justes, chantez les louanges du Seigneur : car c'est à ceux qui ont le cœur droit qu'il convient de le louer. Gloire. Les yeux.

Ecce oculi Domini super timentes eum, sperantes in misericordiâ ejus, ut eruat à morte animas eorum, quoniam adjutor et protector eorum est. *Ps.* Exultate justi in Domino : rectos decet collaudatio. Gloria Patri. Ecce oculi.

ORAISON.

En célébrant chaque année le triomphe de Saint-Gervais et de Saint-Protais, nous vous supplions, Seigneur, de nous secourir sans cesse par les prières de ces illustres martyrs

OREMUS.

Martyrum tuorum, Domine, Gervasii et Protasii palmas annuâ celebratione venerantes; supplices te rogamus, ut quos cœlesti gloriâ sublimasti nobis perpeti suffragio concedas subvenire. Per Dominum.

que vous avez placés dans le sein de votre gloire. Par Notre-Seigneur J.-C.

NOTA. A la Collecte, à la Secrète, à la Post-Communion et à Vêpres, on fait mémoire du Dimanche occurrent dont on lit l'Evangile à la fin de la Messe.

Lectio Epistolæ Beati Pauli Apostoli, ad Romanos. *Cap.* 8.

Fratres, non sunt condignæ passiones hujus temporis ad futuram gloriam quæ revelabitur in nobis. Nam expectatio creaturæ revelationem filiorum Dei expectat. Vanitati enim creatura subjecta est, non volens; sed propter eum qui subjecit eam in spe; quia et ipsa creatura liberabitur à servitute corruptionis in libertatem gloriæ filiorum. Dei. Scimus enim quod omnis creatura ingemiscit; et parturit usquè adhuc. Non solùm autem illa sed et nos ipsi primitias Spiritûs habentes; et ipsi intrà nos gemimus, adoptionem filiorum Dei expectantes redemptionem corporis nostri.

Lecture de l'Epître de Saint-Paul, Apôtre, aux Romains.

Mes frères „ les souffrances de la vie présente n'ont aucune proportion avec cette gloire qui sera un jour découverte en nous. Aussi les créatures attendent-elles avec un grand désir la manifestation des enfans de Dieu; parce qu'elles sont assujetties à la vanité, non pas volontairement, mais à cause de celui qui les y a assujetties, dans l'espérance qu'elles seront elles-mêmes affranchies de cet asservissement à la corruption, pour participer à la liberté et à la gloire des enfans de Dieu. Car nous savons que jusqu'à cette heure toutes les créatures gémissent et souffrent comme les douleurs de l'enfantement. Et non-seulement elles, mais aussi nous-mêmes qui possédons les prémices de l'esprit, nous gémissons au dedans de nous dans l'attente de l'adoption des enfans de Dieu, qui sera la délivrance de nos corps.

GRADUEL.

Seigneur, vous nous avez délivrés de nos persécuteurs, et vous avez confondu nos ennemis. ℣. Nous ne cesserons de nous glorifier en Dieu. et nous vous rendrons, Seigneur, d'éternelles actions de grâces.

Alleluia, alleluia.

℣. Vous nous avez comblés de joie à proportion du temps que vous nous avez affligés, à proportion des années qu'ont duré nos maux. Alleluia.

Liberasti nos, Domine, de affligentibus nos; et eos qui nos oderunt confundisti. ℣. In Deo laudabimur totâ die; et in nomine tuo confitebimur in secula.

Alleluia, alleluia.

℣. Lætati sumus pro diebus quibus nos humiliasti, annis quibus vidimus mala. Alleluia.

PROSE.

Peuples, tressaillez d'alégresse : nous proposons à votre vénération, non de froides restes des dépouilles humaines ;

Mais les précieuses reliques des victimes pour la foi, que la piété de l'église a placées sous nos autels, des martyrs qui jouissent dans le Ciel, pour prix de leur victoire, de la joie de Dieu même.

Leur sang a été comme une semence féconde qui a donné à la cité sainte, à l'église, un plus grand nombre d'enfans.

Privés par le glaive de leurs persécuteurs de l'organe de leur voix, celle de leur sang rend à la vérité un témoignage bien plus efficace.

Exultate, populi :
Non hic tristes tumuli
Exhibentur ossium.

Stant sub arâ victimæ,
Triumphantes animæ
Martyrum lætantium.

Horum sacro sanguine,
Seu fæcundo semine,
Crevit sancta civitas.

Si vox rapta gladio :
Sanguinis diluvio
Magis clamat veritas.

Gaudium sit plenius,
Quanto copiosius,
Agmen ess cadentium.

Mors hæc immortalitas ;
Virtus est infirmitas ,
Virtus nil timentium.

Deo teste collucantes. ,
Et coronam jam tenentes
Vacant de laudibus.

Gratulantur , collætan-
　　tur,
Mœstos fratres consolan-
　　tur ,
Orant pro torquentibus ,

Nil jam sirant animle ,
Nil loquuntur jam mor-
　　tale :
E coradis abundantiâ
Os loquitur cœlestia.

Nos à Christo quis avellet?
Caritatem qui expellet ?
Quæcumque circum cer-
　　nimus ,
Te propter, Christe , vin-
　　cimus.

At vos , ecquid hos vic-
　　tores ,
Hujus vitæ contemptores,
Et cœlestis amatores ,

Qu'un plus grand nombre de martyrs soit pour nous le sujet d'une plus grande joie,

Leur mort est le commencement d'une vie immortelle : leur faiblesse naturelle nous fait admirer en eux une force divine que rien ne peut ébranler.

Combattant sous les yeux du Seigneur , et regardant comme déjà dans leurs mains la couronne de gloire, leur unique occupation est de louer Dieu.

Ils se félicitent, ils se réjouissent de leur bonheur futur ; ils consolent leurs frères affligés ; ils prient pour ceux qui les persécutent.

Rien de ce qui est terrestre n'est plus l'objet de leurs désirs , de leurs discours ; leur cœur rempli de la pensée des biens du Ciel , ils en parlent sans cesse.

Qui nous séparera , disent-ils , de Jésus-Christ ? qui nous ravira la charité ? C'est pour l'amour de vous, ô Jésus-Christ , que nous nous montrons ; c'est par vous que nous sommes invincibles à tout ce qu'on nous présente de plus formidable.

Mais , ô vous , qui réduisez tous les hommages que vous leur rendez à célébrer par vos cantiques leurs victoires ; le mépris qu'ils ont témoigné de la vie présente, l'amour qu'ils ont eu pour le bonheur de la vie future ; quel avantage pourrez-vous en retirer ?

Pour que vos hommages leur soient agréables et vous soient salutaires, méprisez à leur exemple le monde ; renoncez du moins de cœur aux biens périssables de la terre ; désirez efficacement le bonheur éternel.

Nous avons des ennemis invisibles à combattre, que les martyrs regardaient comme les plus terribles, et qui nous paraissent à nous-mêmes bien moins redoutables ; mais, ô Dieu ! extrêmement faibles, ils seront plus forts que nous, si vous ne venez à notre secours.

Afin que nous ne succombion, pas dans ce combat. mettez-nous en main les armes que vous savez nous être nécessaires pour nous défendre ; fortifiez-nous par votre voix ; qui nous instruise des moyens efficaces pour les vaincre, daignez nous accorder des grâces qui nous en rendent victorieux.

Que nous combattions sans cesse avec courage pour nous, et que nous soyons toujours victorieux en vous et par vous.

Ainsi soit-il.

Solâ voce canitatis,

Mundumipsicontemnetis,
Ad æterna contendatis,
Et caduca deseratis,
Qui sinceere colitis.

Hostes illis graviores,
Nobis obstant leviores,
At infirmis fortiores,
Ni, Deus, subvenias.

Pugna ne sit hæc sinistra ;
Voce firma nos magitrá,
Da. Victrices gratias.

Sint, te propter, prælia ;
In te sit victoria,
    Amen.

Sequentia Sancti Evangelii secundùm Lucam.

In illo tempore, dixit Jesus discipulis suis : cùm audieritis prælia et seditiones, nolite terreri : oportet primùm hæc fieri, sed nondùm statim finis. Tunc dicebat illis : Surget gens contrà gentem, et regnum adversùs regnum. Et terræ motùs magni erunt per loca, et pestilentiæ, et fames, terroresque de cœlo, et signa magna erunt. Sed antè hæc omnia injicient vobis manus suas, et persequentur, tradentes in synagogas et custodias, trahentes ad reges et præsides propter nomen meum : continget autem vobis in testimonium. Ponite ergò in cordibus vestris, non præmeditari quæmadmodùm respondeatis : ego enim dabo vobis os et sapientiam, cui non poterunt resiste et contradidicore omnes adversarii vestri. Trademini autem à parentibus, et fratribus et cognatis, et amicis, et morte afficient ex vobis : et eritis odio omnibus propter nomen meum : et capillus de capite vestro non peribit. In patientiâ vestrâ possidebitis animas

Suite du saint Evangile selon Saint-Luc.

En ce temps-là, Jésus dit à ses disciples, lorsque vous entendrez parler de guerres et de séditions, n'en soyez point alarmés : il faut que ces choses arrivent d'abord; mais la fin ne viendra pas encore sitôt. Et il ajouta : on verra se soulever peuple contre peuple, et royaume contre royaume : il y aura en divers lieux de grands tremblemens de terre, des pestes et des famines, et il paraîtra au ciel des choses époûvantables et des prodiges extraordinaires ; mais avant tout cela, on se saisira de vous et on vous persécutera : vous serez livrés aux synagogues, et emprisonnés : on vous traînera devant les rois et les gouverneurs, à cause de mon nom; et cela vous arrivera afin que vous me rendiez témoignage. Mettez-vous donc bien dans l'esprit de ne point préméditer ce que vous aurez à répondre : car je vous donnerai moi-même des paroles et une sagesse à laquelle tous vos ennemis ne pourront résister, ni rien opposer. Vous serez livrés par vos pères mêmes et par vos mères, par vos frères, par vos parens, par vos amis; et il y en aura d'entre vous que l'on fera mourir : et vous serez haïs de tout le monde à cause de mon nom. Mais il ne se perdra pas un seul cheveu de votre tête. C'est par votre patience que vous sauverez vos âmes.

vestras.

OFFERTOIRE.

Il faut que pendant cette vie, qui est si courte, vous soyez affligés de différens maux, afin que votre foi ainsi éprouvée et beaucoup plus précieuse que l'or qui passe par le feu, se trouve digne de louange, d'honneur et de gloire à l'avénement glorieux de J.-C.

Modicum nunc oportet contristari in variis tentationibus : ut probatio fidei vestræ multo pretiosior auro, quod per ignem probatur, inveniatur in laudem et gloriam, et honorem in revelatione Jesu Christi.

SECRÈTE.

C'est pour honorer vos saints martyrs Gervais et Protais, que nous vous offrons ces dons, Seigneur, faites que nous vous soyons agréables en vous les présentant, et que nous soyons vivifiés de plus en plus, en y participant. Par.

Concede nobis, omnipotens Deus, ut his muneribus quæ pro sanctorum martyrum Gervasii et Protasii honore deferimus, et tibi placeamus exhibitis, et vivificemur acceptis. Per Dominum.

PRÉFACE.

Il est véritablement juste et raisonnable, il est équitable et salutaire de vous rendre grâces en tout temps et en tout lieu, Seigneur très-saint, Père tout-puissant, Dieu éternel, qui êtes glorifié dans l'assemblée des Saints et qui, en couron-

Verè dignum et justum est, æquum et salutare, nos tibi semper et ubique gratias agere, Domine, sancte Pater, omnipotens æterne Deus, qui glorificaris in concilio sanctorum et eorum coronando merita, coronas dona tua: qui nobis in eorum præbes, et conversatione exemplum, et communione consortium, et intercessione subsidium; ut tantam habentes impositam nubem testium, per patientiam curramus ad propositum nobis certamen, et cum eis percipiamus immarcessibilem gloriæ coronam : per Christum Dominum nostrum, cujus sanguine ministratur nobis introitus in æternum regnum, per quem Majestatem tuam trementes odorant Angeli, et omnes Spirituum cœlestium chori socià exultatione concelebrant. Cum quibus et nostras voces ut admitti jubeas deprecamur, supplici confessione dicentes:

Sanctus, Sanctus, Sanctus, etc.

nant leurs mérites, couronnez vos dons ; qui nous donnez dans la vie sainte qu'ils ont menée les modèles que nous avons à suivre ; dans la communion avec eux, une association qui tourne à notre avantage ; dans leur intercession pour nous, des protecteurs sensibles à nos besoins, afin qu'étant environnés d'une si grande foule de témoins, nous courrions par la patience dans la carrière qui nous est ouverte, et que nous recevions avec eux cette couronne de gloire qui ne se flétrit point, et que nous attendons par J.-C. N. S. dont le sang nous donne entrée au royaume éternel ; c'est par lui que les Anges adorent en tremblant votre Majesté suprême, que tous les chœurs des Esprits célestes célèbrent votre gloire dans les transports d'une sainte joie. Faites, Seigneur, que nous unissions nos voix à celles de ces Esprits bienheureux, pour chanter avec eux : Saint, Saint, etc.

COMMUNION.

Transivimus per ignem et aquam; et eduxisti nos in refrigerium.

Nous avons passé par l'eau et par le feu, et vous nous avez conduit dans un lieu de rafraîchissement.

POSTCOMMUNION.

Exaucez nos prières, Seigneur, et faites, par l'intercession de vos saints martyrs Gervais et Protais, que ce gage de notre rédemption auquel nous avons participé nous procure la récompense éternelle. Par N. S. J.-C.

Exaudi, Domine, preces nostras ; et intercedentibus sanctis martyribus tuis Gervasio et Protosio, sumpta redemptionis nostræ pignora, nobis præmia sempiterna concilient. Per Dominum.

A SEXTE.

Ant. S'ils ont souffert des tourmens devant les hommes, leur espérance est pleine de l'immortalité.

Ant. Si coram hominibus tormenta passi sunt, spes illorum immortalitate plena est.

CAPITULE.

Les afflictions si courtes et si légères de la vie présente nous produisent le poids éternel d'une sublime et incomparable gloire. Ainsi nous ne considérons point les choses visibles, mais les invisibles ; car les choses visibles sont passagères, mais les invisibles sont éternelles.

Quod in præsenti ese momentaneum et leve tribulationis nostræ, supramodum insublimitate æternum gloriæ pondus operator in nobis, non contemplantibus nobis quæ videntur, sed quæ non videntur. Quæ enim videntur, temporalia sunt, quæ autem non videntur, æterna sunt.

℞ *br.* Vous nous avez éprouvés, ô mon Dieu ! et vous nous avez enfin conduits dans un lieu de rafraîchissement. Vous nous avez. ℣. Vous nous avez éprouvés par le feu comme on éprouve l'argent, et vous nous avez. Gloire au Père. Vous nous avez éprouvés.

℣. Vous nous avez com-

R. *br* Probasti nos, Deus, * Et eduxisti nos in refrigerium Probasti. ℣. Igne nos examinasti *, sicut examinatur argentum. * Et eduxiste, Gloria Patri. Probasti.

℣. Lætati sumus pro

diebus quibus nos humi-
liasti,

℟. Annis quibus vi-
dimus mala.

blés de joie à proportion du
temps que vous nous avez
affligés,

℟. A proportion des an-
nées qu'ont duré nos maux.

A NONE.

Ant. Tanquam aurum
in fornace probavit illos,
et quasi holocausti hos-
tiam accepit illos; et in
tempore erit respetus il-
lorum.

Ant. Il les a éprouvés
comme l'or dans la four-
naise; il les a reçus comme
une hostie d'holocauste;
et il les regardera favorablement dans le temps:

CAPITULE.

Lætabuntur coram te,
sicut qui lætantur in messe, sicut exultant victores,
captâ praedâ, quandò
dividunt spolia.

Ils se réjouiront lorsque
vous serez venu, comme on
se réjouit pendant la moisson, et comme se réjouis-
sent les victorieux lorsqu'ils
ont pillé leurs ennemis et
qu'ils partagent le butin.

℟. *br.* Qui seminant
in lacrymis, * in exulta-
tione mettent. Qui. ℣.
Euntes ibant et flebant,
* mittentes semina sua;
* In exultatione metent.
Gloria Patri. Qui.

℟. *br.* Ceux qui sèment
avec larmes moissonneront
avec joie. Ceux qui. ℣. Ils
marchaient dans la tris-
tesse, jetant leur semence
sans certitude de la récolte;
ils moissonneront avec joie.
Gloire au Père. Ceux qui.

℣. Venientes venient
cum exultatione,

℟. Portantes mani-
pulos suos.

℣. Ils reviendront trans-
portés de joie,

℟. Chargés des gerbes
de leur moisson.

A VÉPRES.

Psaumes du Dimanche. — ANTIENNES.

Vidi animas interfecto-
rum propter verbum Dei,
et propter testimonium
qoud habebant.

J'ai vu les âmes de ceux
qui avaient souffert la mort
pour la parole dè Dieu et
pour la confession de son
nom, dans laquelle ils

étaient demeurés fermes jusqu'à la fin.

Ils étaient debout devant le trône et devant l'Agneau, ayant des palmes à la main.

Stabant antè tronum in conspectu Agni; et palmæ in manibus eorum.

Ils sont venus ici après avoir passé par de grandes afflictions ; et ils ont lavé et blanchi leurs robes dans le sang de l'Agneau.

Venerunt de tribulatione magnâ, et laverunt stelas suas, et dealbaverunt eas in sanguine Agni.

Ils sont devant le trône de Dieu, et ils le servent jour et nuit dans son temple; et celui qui est assis sur le trône les couvrira comme une tente.

Ante tronum Dei sunt, et serviunt et dei ac nocte in templo ejus, et qui sedet in trono habitavit super illos.

Ils n'auront plus ni faim, ni soif, et le soleil ni aucune autre chaleur ne les incommodera plus.

Non esurient, neque sitient ampliùs, nec cadet super illos sol, neque ullus æstus.

CAPITULE.

Dieu essuyera toutes les larmes de leurs yeux, et la mort ne sera plus. Il n'y aura plus aussi pour eux ni pleurs, ni cris, ni afflictions, parce que le premier état est passé.

Absterget Deus omnem lacrymam ab oculis eorum, et mors ultrà non erit, neque luctus, neque, clamor, neque dolor erit ultrà, quia prima obierunt.

HYMNE.

Les exemples de force et de courage que nous ont laissé les martyrs de J.-C., et que nous rappelons en notre mémoire, nous invitent à chanter des cantiques en leur honneur et du courage qu'ils ont fait paraître en ne se laissant vaincre ni par les caresses, ni par les menaces de ce monde séducteur.

Christi martyribus debita non decet ;
Virtutis memores ; promere cantica ;
Quos nec blanditiis, nec potuit minis
Fallax vincere seculum.

4.

Cœlestis patriæ meus in-
    hians bonis ,
Mundi spernit opes fluxa-
    que gaudia :
Vitæ qui etiam , præ
    Domini lucro ,
Jacturam facilem putant.

Non vultus metuunt car-
    nificium truces :
Fetas suppliciis despiciunt
    manus :
Enses flagra rotas, omnia
    perpeti
Victrix edocuit fides.

O incredibilem viu pa-
    tientiæ !
Non artus laceros qui
    cruciat dolor ,
Extorquet gemitum, non
    querimoniam
Agnis mitibus elicit.

Ergo nunc proprior ,
    Christe, tibi sedet
Palmis turba nitensusque
    virentibus ;
Vitorumque gerens præ-
    mia , nobiles

Leur cœur brûlant du désir des biens célestes, ils ont méprisé les richesses de la terre, les folles joies du siècle ; et par un acte de générosité bien plus admirable ; persuadés qu'ils peuvent acheter au prix de leur sang le bonheur d'être avec J.-C., ils regardent comme un gain et lui font avec joie le sacrifice de leur vie.

Ils ne craignent point les regards féroces de leurs bourreaux , ils voient dans leurs mains , sans en être effrayés , les instrumens des supplices affreux qu'ils leur préparent : Leur foi invincible leur a appris à souffrir tous les tourmens qu'on peut mettre en usage contre eux , fouets, glaives, roues , plutôt que de lui être infidèles.

O prodige héroïque de patience ! leurs membres sont tout déchirés par un fer meurtrier , doux et paisibles agneaux, la douleur qu'ils ressentent , quelque aiguë qu'elle soit , né peut leur arracher un seul gémissement, la moindre plainte.

Mais de quelle gloire, ô J. C., ne récompensez-vous pas dans le ciel la constance de cette nuée de témoins ; leurs mains ornées de palmes qui conservent toujours leur fraîcheur et leur verdure naturelles, et de branches de laurier teintes et ennoblies de leur sang, signes et prix de leur victoire; ils sont assis auprès de votre trône, environnés de l'éclat d'une gloire singulière.

Gloire suprême soit rendue au Père ; gloire suprême soit rendue au Fils ; gloire égale vous soit rendue, ô St.-Esprit, qui donnez aux martyrs les forces nécessaires pour soutenir les combats que leur livrent les ennemis de la foi ; et la grâce en méprisant la mort, de remporter sur eux la victoire la plus glorieuse.

Ainsi soit-il.

℣. Ils seront éternellement remplis de joie,

℟. Et vous habiterez en eux.

Multo sanguine laureas.

Sit laus summa Patri,
   summaque Filio,
Sit par, Sancte, biti
   gloria, Spiritus,
Cujus præsidio prælia
   sustinent,
Contempta nece; mar-
   tyres.
   Amen.

℣. In æternum exultabunt,

℟. Et habitabis in eis.

A Magnificat. — ANTIENNE.

On leur donna à chacun une robe blanche, et il leur fut dit de jouir du bonheur d'un saint repos jusqu'à ce que soit rempli le nombre des serviteurs de Dieu, qui doivent aussi bien qu'eux souffrir la mort.

Datæ sunt illis singulæ stolæ albæ ; et ditum est illis ut requiescerent, donec compleantur conservi eorum, qui interficiendi sunt sicut et illi.

Oremus. Martyrum tuorum, etc. *page* 55.

A COMPLIES.

Ant. Les jours de vos larmes seront finis, ô Sion ! votre soleil ne se couchera

Ant. Complebentur dies luctûs tui, Sion : Non occidet ultra sol tuus : populus tuus omnes justi.

plus ; tout votre peuple sera un peuple juste.

A Nunc dimittis. — ANTIENNE.

Servient Deo servi ejus, et videbunt faciem ejus ; et nomen ejus in frontibus eorum.

Les serviteurs de Dieu le serviront ; ils verront sa face et ils porteront son nom écrit sur leur front.

PRIÈRE

A SAINT GERVAIS ET A SAINT PROTAIS.

Grands Saints, à qui Dieu a spécialement confié les intérêts spirituels et temporels de tous les Fidèles de cette paroisse, nous vous honorons comme nos Protecteurs, nos intercesseurs, nos Médiateurs auprès de sa Divine Majesté, nos Amis, nos Patrons, nos Pères, nous vous rendons tous les hommages que ces différentes qualités exigent de nous, et par ces hommages nous révérons le pouvoir qu'elles supposent que vous avez reçu de Dieu pour nous, et le zèle avec lequel vous remplissez à notre égard les différens devoirs qu'elles vous imposent. Nous bénissons le Seigneur pour tous les bienfaits dont sa miséricorde vous a comblés sur la terre, et pour ceux dont il couronne vos mérites, vos vertus, vos travaux dans le sein de sa gloire. Nous rendons de très-ferventes actions de grâces à Dieu pour ce nouveau moyen de salut qu'il veut bien nous accorder dans le secours de votre protection si puissante auprès de lui, et à vous-mêmes pour toutes les preuves que vous nous donnez sans cesse de votre tendre sollicitude pour nous.

Animés par ces considérations, nous nous adressons à vous, nous réclamons votre secours avec cet amour respectueux que des enfans reconnaissans ont pour leurs Pères, qu'ils voient sans cesse occupés à tout ce qui peut contribuer à leur bonheur, avec cette confiance qu'inspirent à des malheureux le sentiment de leurs maux et la conviction de leurs faiblesses qui leur fait craindre continuellement de succomber sous les efforts de tant d'ennemis qui ont juré leur perte, en des protecteurs, des amis assez puissans, pour leur obtenir la cessation de ces maux, la victoire sur ces ennemis vous les connaissez grands Saints, ces maux que nous éprouvons, ces dangers pour notre salut auxquels nous sommes exposés ;

vous y êtes sensibles ; vous sollicitez sans cesse auprès de Dieu la grâce de nous en preserver ou de ne pas en être les tristes victimes ; notre confiance en vous aura son effet, vos prières pour nous seront exaucées ; mais notre confiance serait vaine, illusoire, si en vous révérant comme nos Protecteurs nous ne vous honorions également par l'imitation de vos vertus, comme nos modèles. Les soins continuels de votre charité ont été souvent sans fruit pour nous. Nous l'avouons à notre honte et à notre confusion ; notre lâcheté, nos désordres en ont été la cause. Nous ne nous priverons plus à l'avenir des effets de votre zèle, nous sommes tous déterminés à les mériter en faisant revivre en nous votre humilité, votre pénitence, votre détachement des biens de la terre, votre patience, votre courage, votre union à Dieu, votre charité, toutes vos vertus. Avec ces saintes, efficaces et irrévocables dispositions, nous osons nous flatter d'obtenir de Dieu, par votre intercession, les grâces qui nous sont nécessaires pour être supérieurs à nos maux, vaincre nos ennemis, et vivre dans la sainteté et la justice comme vous sur la terre ; toutes les grâces qui peuvent nous rendre dignes du bonheur dont vous jouissez dans le séjour de la gloire Céleste. Ainsi soit-il.

PRIÈRES

PENDANT

LA SAINTE MESSE.

A MENDE,

CHEZ L.-F. CROUZON, LIBRAIRE.

JÉSUS-CHRIST,

BÉNISSEZ-NOUS.

PRIÈRES

PENDANT LA SAINTE MESSE.

Avant que la Messe soit commencée.

JE viens, ô mon Dieu, pour assister au saint Sacrifice ; donnez-moi votre grâce, afin que j'y assiste avec une foi vive, un amour ardent et une humilité profonde.

Pendant que le Prêtre est au bas de l'Autel.

J'ai péché, ô mon Dieu, je ne suis pas digne de lever les yeux au Ciel, ni de regarder votre Autel pour vous adorer ; mais que tous les Saints vous prient pour moi. Je vous demande grâce, ô Dieu tout-puissant ! faites-moi miséricorde, et m'accordez le pardon de mes péchés, par Jésus-Christ Notre Seigneur.

Quand le Prêtre est monté à l'Autel.

Père céleste, qui êtes Dieu, ayez pitié de nous ; Fils, rédempteur du monde, qui êtes Dieu, ayez pitié de nous; Esprit saint, qui êtes Dieu, ayez pitié de nous. Quand même, ô juste Juge! je me croirais rebuté, je vous presserais toujours par mes cris, comme la veuve affligée pressait le Juge qui paraissait sourd à sa prière.

Au Gloria in excelsis.

Je vous adore, ô Père céleste! vous êtes le souverain Seigneur, le Roi du Ciel, le Dieu tout-puissant : je vous adore aussi, ô Jésus mon Sauveur! vous êtes le seul Saint, le seul Seigneur, le seul Très-Haut avec le Saint-Esprit, en la gloire de Dieu le Père. Vous voyez que mon cœur fait ce qu'il peut pour vous rendre ses vœux; il vous loue, il vous bénit, il vous glorifie, il vous rend grâce : mais tout cela est bien peu de chose en comparaison de ce que vous méritez.

Pendant les Oraisons.

Dieu tout-puissant, faites-moi la grâce d'avoir l'esprit tellement rempli de saintes pensées , que toutes nos paroles et nos actions ne tendent qu'à vous plaire. Recevez les prières que nous vous adressons. Accordez-nous les grâces et les vertus que l'Eglise votre épouse vous demande en notre faveur , et que nous ne pouvons obtenir que par Jésus-Christ votre Fils , qui vit et règne avec vous dans tous les siècles des siècles.

A l'Epître.

Faites-moi, ô mon Dieu , la grâce d'aimer votre sainte parole, d'en apprendre les vérités et d'en pratiquer les préceptes toute ma vie. Que je lise avec une sainte avidité, et que je médite avec humilité.

A l'Evangile.

Seigneur, bénissez mon esprit, ma bouche et mon cœur, de sorte que mes pensées, mes paroles et mes actions soient réglées par votre Evangile; et que je sois toujours prêt à marcher dans la voie de vos saints Commandemens qui y sont renfermés.

A l'Offertoire.

O Dieu, qui me dites par votre Esprit saint, donnez-moi votre cœur ; je vous offre le mien ; en même temps que le Prêtre vous offre ce pain et ce vin, je vous offre aussi mon corps : faites que ce corps et cette âme soient une Hostie vivante, sainte et agréable à vos yeux.

Quand le Prêtre met le vin et l'eau dnus le Calice.

Ne vous contentez pas, Seigneur, d'avoir uni, par l'Incarnation, votre Divinité toute-puissante à notre humanité : unissez-vous aussi à nous et à tous nos frères, qui sont vos membres du lien d'une charité indissoluble.

Au Lavabo.

Lavez-moi, Seigneur, dans le sang de l'Agneau sans tache, pour effacer de mon corps et de mon âme les moindres taches du péché.

A l'Orate, fratres.

Que le Seigneur veuille recevoir ce

saint Sacifice pour sa gloire , pour mon salut et pour l'utilité de toute son Eglise.

A la Préface.

Elevez , Seigneur , mon cœur au Ciel , afin que je vous y adore avec les Anges , en disant comme eux : Saint , Saint , Saint , est le Seigneur, le Dieu des armées ; les cieux et la terre sont remplis de la Majesté de votre gloire.

Au commencement du Canon et au Memento.

Mon Dieu , défendez votre Eglise contre tous ses ennemis visibles et invisibles ; conduisez , par votre grâce , notre Saint-Père le Pape , Monseigneur notre Evêque et les autres Pasteurs à qui vous avez confié le soin des âmes ; conservez le Roi et bénissez mes parens , mes bienfaiteurs et mes amis , et particulièrement N.

Il faut penser ici aux personnes pour lesquelles on est obligé de prier.

Aux Communicantes.

Soyez le lien de cette Communion sainte qu'il vous plaît de nous donner avec tous les Fidèles, avec ceux mêmes qui triomphent déjà dans le Ciel, les Apôtres, les Martyrs, la bienheureuse Vierge Marie. La charité nous unit bien plus que la différence des conditions ne nous sépare. Nous nous présentons à vous en ce pain et en ce vin, symbole de notre union parfaite : faites qu'ils deviennent pour nous, qui sommes encore sur la terre, le véritable corps et le véritable sang de ce cher Fils.

Avant la Consécration.

Agréez, Seigneur, l'oblation que nous vous allons faire de cette victime pure, ainte et sans tache. Nous vous demandons que, comme elle vous est toujours agréable par elle-même, elle vous le soit encore par la piété de ceux qui vous l'offrent ; donnez-nous la paix pendant le reste de nos jours ; mettez-nous au nombre de vos élus, et changez nos cœurs en changeant les dons qui vous sont offerts.

A l'Élévation de la sainte Hostie.

C'est là votre Corps, ô mon divin Sauveur ; je le crois parce que vous l'avez dit : j'adore ce Corps sacré avec une humilité profonde, et je l'offre à votre Père pour mon salut.

A l'Élévation du Calice.

C'est là votre Sang, mon Dieu, ce Sang adorable qui a été répandu pour la rémission de mes péchés ; que je sois aussi toujours prêt de répandre le mien pour votre gloire.

Après l'Élévation.

Faites-moi la grâce, ô mon Dieu, de me souvenir toujours que ce Corps sacré, qui est maintenant présent sur cet Autel, a été livré à mort ; et que ce divin sang, qui est dans ce calice du salut, a été répandu pour le mien ; afin que je vous serve toute ma vie avec ardeur. Souvenez-vous aussi de cette mort, afin que vous me pardonniez mes péchés avec miséricorde.

Au Memento *des morts.*

Souvenez-vous, Seigneur, de vos serviteurs et de vos servantes, qui sont morts dans la foi et qui dorment du sommeil de la paix, et particulièrement de N. N.

Il faut ici penser aux morts pour qui l'on est obligé de prier.

Pardonnez-leur, ô mon Dieu, les restes de leurs péchés, et leur accordez votre saint Paradis, afin qu'ils se reposent parfaitement de leurs travaux et de leurs peines.

A Nobis quoque peccatoribus.

Seigneur, ayez pitié de moi, qui suis un misérable pécheur, et daignez, nonobstant mon indignité, m'accorder un repos éternel avec tous vos Saints. Ne soyez pas toujours Juge du mérite, mais dispensateur prodigue du pardon. Associez-moi, par votre miséricorde, avec ceux que la sainteté a associés avec vous.

A la seconde Elévation.

Recevez, mon Dieu, cette offrande du

Corps et du Sang de votre Fils, et ren-dez-moi participant des mérites de sa mort. Père céleste, c'est avec lui, par lui et en lui que vous appartient toute la gloire et la louange. *Il faut réciter :* Notre Père, qui êtes dans les cieux, etc.

Après le Pater.

Délivrez-nous, Seigneur, par votre bonté, de tous les maux passés, présens et à venir, et assistez-nous du secours de votre miséricorde, afin que nous ne soyons jamais esclaves du péché.

Au Domine, non sum dignus.

Seigneur, je ne suis pas digne que vous entriez dans mon cœur ; mais vous pou-vez me délivrer de ce qui me rend indigne de m'approcher de vous ; dites seulement une parole, et mon âme sera guérie.

Ô mon doux Jésus ! qui désirez ar-demment de vous unir à nous, je vous ouvre mon cœur pour vous recevoir comme mon Sauveur et mon Dieu.

Lorsque le Prêtre communie.

Que votre Corps, ô mon divin Rédempteur ! et votre Sang purifient mon corps et mon âme ; qu'ils me fortifient et me nourrissent sur la terre, jusqu'à ce que je sois rassasié de votre présence dans le Ciel.

Après la Communion.

Mon Dieu, ne laissez pas rentrer dans mon âme le péché que vous y avez détruit par le Baptême ; que Jésus-Christ mon Sauveur vive toujours en moi, et que je sente sa divine présence, en faisant des actions conformes à celles qu'il a faites étant sur la terre.

Prières durant le dernier Evangile.

Jésus, mon Sauveur, vous êtes Fils unique de Dieu ; vous êtes Dieu comme le Père et le Saint-Esprit. Cependant, pour nous sauver, vous êtes venu au monde ; vous avez souffert la mort, vous vous rendez présent sur le saint Autel. O que vous nous aimez parfaitement ! Faites que je puisse vous aimer de tout mon cœur et vous servir tous les jours de ma vie. Ainsi soit-il.

VÊPRES

ET COMPLIES

DU DIMANCHE.

A MENDE,

CHEZ L.-F. CROUZON, LIBRAIRE,

JÉSUS-CHRIST,

BÉNISSEZ-NOUS.

VÊPRES.

—⊕—

Pater noster, Ave, Maria.

Deus, in adjutorium meum intende.

Domine, ad adjuvandum me festina.

Gloria Patri, et Filio, etc

Alleluia, *ou* Laus tibi, Domine, Rex æternæ gloriæ.

PSAUME 109.

Dixit Dominus Domino meo : Sede à dextris meis.

Donec ponam inimicos tuos : scabellum pedum tuorum.

Virgam virtutis tuæ emittet Dominus ex Sion : dominare in medio inimicorum tuorum.

Tecum principium in die virtutis tuæ in splendoribus sanctorum : ex utero ante luciferum genui te.

Juravit Dominus et non pœnitebit eum : Tu es sacerdos in æternum, secundùm ordinem Melchisedech.

Dominus à dextris tuis : confregit in die iræ suæ reges.

Judicabit in nationibus, implebit ruinas : conquassabit capita in terrâ multorum.

De torrente in viâ bibet : proptereà exaltabit caput.

Gloria Patri, etc.

PSAUME 110.

Confitebor tibi, Domine, in toto corde meo : in consilio justorum et congregatione.

Magna opera Domini : exquisita in omnes voluntates ejus.

Confessio et magnificentia opus ejus : et justitia ejus manet in seculum seculi.

Memoriam fecit mirabilium suorum , misericors et miserator Dominus : escam dedit timentibus se.

Memor erit in seculum testamenti sui : virtutem operum suorum annuntiabit populo suo.

Ut det illis hæreditatem gentium : opera manuum ejus veritas et judicium.

Fidelia omnia mandata ejus , confirmata in seculum seculi , facta in veritate et æquitate.

Redemptionem misit populo suo : mandavit in æternum testamentum suum.

Sanctum et terribile nomen ejus : initium sapientiæ timor Domini.

Intellectus bonus facientibus eum : laudatio ejus manet in seculum seculi.

Gloria Patri , etc.

Psaume iii.

Beatus vir qui timet Dominum : in mandatis ejus volet nimis.

Potens in terrâ erit semen ejus ; generatio rectorum benedicetur.

Gloria et divitiæ in domo ejus : et justitia ejus manet in seculum seculi.

Exortum est in tenebris lumen rectis : misericors , et miserator , et justus.

Jucundus homo qui miseretur et commodat, disponet sermones suos in judicio : quia in æternum non commovebitur.

In memoriâ æternâ erit justus : ab auditione malâ non timebit.

Paratum cor ejus sperare in Domino , confirmatum est cor ejus : non commovebitur donec despiciat inimicos suos.

Dispersit dedit pauperibus , justitia ejus manet in seculum seculi : cornu ejus exaltabitur in gloriâ.

Peccator videbit et irascetur, dentibus suis fremet et tabescet : desiderium peccatorum peribit.

Gloria Patri, etc.

PSAUME 112.

LAUDATE, pueri, Dominum, laudate nomen Domini.

Sit nomen Domini benedictum : ex hoc nunc et usque in seculum seculi.

A solis ortu usque ad occasum : laudabile nomen Domini.

Excelsus super omnes gentes Dominus : et super cœlos gloria ejus.

Quis sicut Dominus Deus noster qui in altis habitat : et humilia respicit in cœlo et in terrâ ?

Suscitans à terrâ inopem : et de stercore erigens pauperem.

Ut collocet eum cum principibus : cum principibus populi sui.

Qui habitare facit sterilem in domo : matrem filiorum lætantem.

Gloria Patri, etc.

PSAUME 113.

IN exitu Israël de Ægypto : domus Jacob de populo barbaro.

Facta est Judæa sanctificatio ejus : Israël potestas ejus.

Mare vidit et fugit : Jordanis conversus est retrorsum.

Montes exultaverunt ut arietes : et colles sicut agni ovium.

Quid est tibi, mare, quod fugisti ? et tu, Jordanis, quia conversus es retrorsum ?

Montes exultastis sicut arietes : et colles sicut agni ovium.

A facie Domini mota est terra, à facie Dei Jacob.

Qui convertit petram in stagna aquarum, et rupem in fontes aquarum.

Non nobis, Domine, non nobis : sed nomini tuo da gloriam.

Super misericordiâ tuâ, et veritate tuâ : nequando dicant gentes : Ubi est Deus eorum ?

Deus autem noster in cœlo : omnia quæcumque voluit fecit.

Simulacra gentium argentum et aurum : opera manuum hominum.

Os habent, et non loquentur : oculos habent, et non videbunt.

Aures habent, et non audient : nares habent, et non odorabunt.

Manus habent, et non palpabunt : pedes habent, etnon ambulabunt : non clamabunt in gutture suo.

Similes illis fiant qui faciunt ea : et omnes qui confidunt in eis.

Domus Israël speravit in Domino : adjutor eorum et protector eorum est.

Domus Aaron speravit in Domino : adjutor eorum et protector eorum est.

Qui timent Dominum speraverunt in Domino : adjutor eorum et protector eorum est.

Dominus memor fuit nostrî : et benedixit nobis.

Benedixit domui Israël : benedixit domui Aaron.

Benedixit omnibus qui timent Dominum : pusillis cum majoribus.

Adjiciat Dominus super vos : super vos, et super filios vestros.

Benedicti vos à Domino : qui fecit cœlum et terram.

Cœlum cœli Domino : terram autem dedit filiis hominum.

Non mortui laudabunt te, Domine ; neque omnes qui descendunt in infernum.

Sed nos qui vivimus, benedicimus Domino : ex hoc nunc, et usquè in seculum. Gloria, etc.

CAPITULE 2. *Cor.* I.

BENEDICTUS Deus et Pater Domini nostri Jesu Christi, Pater misericordiarum, et Deus totius consolationis, qui consolatur nos in omni tribulatione nostrâ.

℞. Deo gratias.

HYMNE.

Lucis Creator optime,
Lucem dierum proferens,
Primordiis lucis novæ ;
Mundi paras originem.

Qui manè junctum vesperi,
Diem vocari præcipis,
Tetrum cahos illabitur,
Audi preces cum flectibus.

Ne mens gravata crimine,
Vitæ si exul munere,
Dum nihil perenne cogitat,
Seseque culpis illigat.

Cœlorum pulset intimum,
Vitale tollat præmium
Vitemus omne noxium,
Purgemus omne pessimum.

Præsta Pater piissime,
Patrique compar unice,
Cum Spiritu Paracleto,
Regnans per omne seculum. Amen.

℣. Dirigatur, Domine, oratio mea.
℞. Sicut incensum in conspectu tuo.

CANTIQUE DE LA VIERGE. *Luc* I.

MAGNIFICAT : anima mea Dominum.
Et exultavit spiritus meus : in Deo salutari meo.

Quia respexit humilitatem ancillæ suæ, ecce enim ex hoc beatam me dicent omnes generationes.

Quia fecit mihi magna qui potens est : et sanctum nomen ejus.

Et misericordia ejus à progenie in progenies : timentibus eum.

Fecit potentiam in brachio suo : dispersit superbos mente cordis sui.

Deposuit potentes de sede : et exaltavit humiles.

Esurientes implevit bonis, et divites dimisit inanes.

Suscepit Israël puerum suum : recordatus misericordiæ suæ.

Sicut locutus est ad patres nostros : Abraham, et semini ejus in secula.

Gloria Patri, etc.

COMPLIES.

CONVERTE nos, Deus salutaris noster.

Et averte iram tuam à nobis.

Deus, in adjutorium meum intende.

Domine ad adjuvandum me festina.

PSAUME 4.

CUM invocarem exaudivit me Deus justitiæ meæ : in tribulatione dilatasti mihi.

Miserere mei, et exaudi orationem meam.

Filii hominum ; usquequo garvi corde ? ut quid diligitis vanitatem, et quæritis mendacium ?

Et scitote quoniam mirificavit Dominus sanctum suum ; Dominus exaudiet me cùm clamavero ad eum.

Irascimini, et nolite peccare : quæ dicitis in cordibus vestris, in cubilibus vestris compungimini.

Sacrificate sacrificium justitiæ , et sperate in
Domino multi dicunt : Quis ostendit nobis bona ?

Signatum est super nos lumen vultûs tui ,
Domine , dedisti lætitiam in corde meo.

A fructu frumenti , vini , et olei sui : multiplicati sunt.

In pace in idipsum , dormiam et requiescam.

Quoniam tu Domine singulariter in spe , constituisti me. Gloria , etc.

PSAUME 30.

IN te Domine speravi ; non confundar in æternum; in justitia tua libera me.

Inclina ad me aurem tuam : accelera ut eruas
me.

Esto mihi in Deum protectorem , in domum
refugii : ut salvum me facias.

Quoniam fortitudo mea et refugium meum es
tu : et propter nomen tuum deduces me et enutries me.

Educes me de laqueo hoc quem absconderunt
mihi ; quoniam tu est protector meus.

In manus tuas commendo spiritum meum :
redemisti me Domine , Deus veritatis.

Gloria Patri , etc.

PSAUME 90.

QUI habitat in adjutorio Altissimi : in protectione
Dei cœli commorabitur.

Dicet Domino : Susceptor meus es tu , et refugium meum : Deus sperabo in eum.

Quoniam ipse liberabit me laqueo venantium :
et à verbo aspero

Scapulis suis obumbrabit tibi : et sub pennis
ejus sperabis.

Scuto circumdabit te veritas ejus ; non timebis
à timore nocturno.

A sagittâ volante in die , à negotio perambulante in tenebris : ab incursu et dæmonio meridiano.

Cadent à latere tuo mille , et decem millia à dextris, tuis ad te autem non appropinquabit.

Verùmtamen oculis tuis considerabis et retributionem peccatorum videbis.

Quoniam tu es Domine spes mea : Altissimum posuisti refugium tuum.

Non accedet ad te malum : et flagellum non appropinquabit tabernaculo tuo.

Quoniam Angelis suis mandavit de te : ut custodiant te in omnibus viis tuis.

In manibus portabunte te : ne forte offendas ad lapidem pedem tuum.

Super aspidem et basiliscum ambulabis , et conculcabis leonem et draconem.

Quoniam in me speravit , liberabo eum : protegam eum , quoniam cognovit nomen meum.

Clamabit ad me , et ego exaudiam eum : cum ipso sum tribulatione , eripiam eum , et glorificabo eum:

Longitudinem dierum replebo eum : et ostendam illi salutare meum.

Gloria Patri , etc.

Psaume 133.

Ecce nunc benedicite Dominum , omnes servi Domini.

Qui statis in domo Domini : in atriis domûs Dei nostrî.

In noctibus extollite manus vestras in sancta : et benedicite Dominum.

Benedicat te Dominus ex Sion : qui fecit cœlum et terram.

Gloria Patri etc.

Hymne.

Te lucis ante terminum ,
Rerum Creator poscimus ,
Ut pro tuâ clementiâ ,
Sis præsul ad custodiam.

Procul recedant somnia,
Et noctium phantasmata ,
Hostemque nostrum comprime ,
Ne polluantur corpora.

Præsta Pater omnipotens ,
Per Jesum Christum Dominum ;
Qui tecum in perpetuum ,
Regnat cum sancto Spiritu. Amen.

CHAPITRE. *Jérémie* 14.

Tu autem in nobis est Domine , et nomen sanc=
tum tuum invocatum et super nos ; ne derelinquas nos Domine Deus noster. ℞. Deo gratias.

℣. Custodi nos , Domine , ut pupillam oculi.;
℞. Sub umbra alarum tuarum protege nos.

Cantique de saint Siméon. LUC 2.

Nunc dimittis servum tuum , Domine , secundùm servum tuum in pace.

Quia viderunt oculi mei : salutare tuum.

Quod parasti : ante faciem omnium populorum.

Lumen ad revelationem gentium : et gloriam
plebis tuæ Israël.

Gloria , etc.

℣. Domine , exaudi orationem meam.
℞. Et clamor meus ad veniat.

OREMUS.

Visita , quæsumus , Domine , habitationem
nostram et omnes insidias inimici ab eâ , longè
repelle , Angeli tui sancti habitent in eâ , qui nos
in pace custodiam et benedictio tua sit super nos
semper.

Per Dominum , etc.

℣. Domine , exaudi oratinem meam.
℞. Et clamor meus ad te veniat.
℣. Benedicamus Domino. ℞. Deo gratias.

Bénéd. Benedicat et custodiat nos omnipotens
et misericors Dominus , Pater , et Filius , et Spiritus Sanctus. ℞. Amen.

ANTIENNE A LA VIERGE.

Salve Regina . Mater misericordiæ , vita dulcedo , et spes nostra salve. Ad te clamamus . exsules filii Evæ. Ad te suspiramus gementes et flentes in hâc lacrymarum valle. Eia ergo advocata nostra illos tuos misericordes oculos ad nos converte. Et Jesum benedictum fructum ventris tui nobis , post hoc exilium ostende. O clemens ! ô pia ! ô dulcis Virgo Maria !

℣. Ora pro nobis sanctâ Dei genitrix.

℟. Ut digni efficiamur promissionibus Christi.

OREMUS.

Omnipotens sempiterne Deus , qui gloriosæ Virginis Matris Mariæ corpus et animam , ut dignum Filii tui habitaculum mereretur , Spiritu sancto cooperante præparasti : da ut cujus commemoratione lætamur , ejus piâ intercessione ab instantibus malis et à morte perpetuâ liberemur. Per eumdem Christum Dominum nostrum.

℟. Amen.

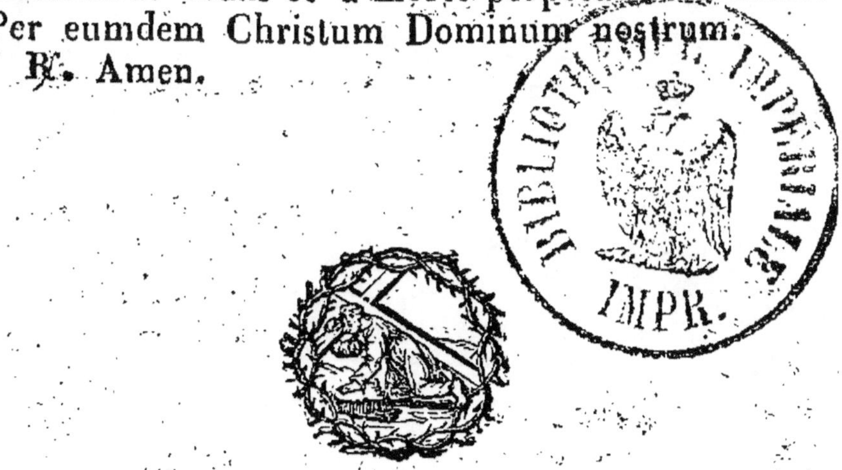